NEUSEELAND

NEUSEELAND

Photographie Michael Reinhard
Text Hildesuse Gaertner

cormoran

Bildkonzeption: Axel Schenck
Lektorat: Andreas Meyer
Bilddokumentation: Ursula Binder
Graphische Gestaltung: Peter Schmid
Herstellung: Angelika Kerscher

Einband, Vorderseite:
Mount Egmont-Vulkan
Einband, Rückseite:
Mount Victoria in Auckland

Haupttitel: Blick von der Otago-Halbinsel
auf die Stadt Dunedin

© 1993 Cormoran,
München

ISBN 3 7658 0817 2

Inhalt

Hildesuse Gaertner

Neuseeland – Extreme einer spät entdeckten Inselwelt	6
Polynesische Entdeckung	9
Die Ankunft der Europäer	33

Anthologie

Zur Geschichte und Kultur Neuseelands	46

Hildesuse Gaertner

Neuseeland in Stichworten	98
Stationen einer Reise von Auckland bis Stewart Island	107
Karte	139
Register	140
Text- und Bildnachweis	143

Neuseeland – Extreme einer spät entdeckten Inselwelt

Als vor rund zweihundert Millionen Jahren ein riesiger Südkontinent, der sich vom westlichen Südamerika über Afrika und Australien bis zum Westrand des Pazifiks erstreckte, auseinanderzubrechen begann und die Bruchstücke sich voneinander fortbewegten, um sich zu neuen Kontinenten zusammenzufügen, blieben Teile des zerbröckelnden Ostrands isoliert am pazifischen Schelf zurück. Ein verlorener Archipel entstand, zweitausend Kilometer von Australien entfernt, viermal so weit von Chile, mit dem es während der Eiszeit über die Antarktis durch eine Landbrücke verbunden war. Einige Gemeinsamkeiten in der Flora sind darauf zurückzuführen.

Hebung und Senkung, Gebirgsbildung und Überflutung, Vulkanismus und Eiszeiten gaben dem Archipel seine heutige Gestalt: zwei große, eine kleinere und mehrere kleine Inseln. Die beiden größten haben zusammen die Form eines Stiefels, der aber an der «Wade» durch eine Wasserstraße unterbrochen ist.

Der Archipel ist ein souveräner britischer Staat mit holländischem Namen – Neuseeland, das Inselland unserer Antipoden.

Die Nordinsel wird vom Vulkanismus geprägt. Im Zentrum erheben sich drei aktive Feuerberge: der 2797 Meter hohe Ruapehu, der Tongariro (1986 Meter) und der unruhige Ngauruhoe mit einer Höhe von 2291 Metern. Ein vierter Vulkan liegt als rauchende Insel vor der Küste der Bay of Plenty, «White Island» genannt. Ein fünfter, der ruhende Mount Egmont, bildet die Westbastion der Nordinsel, ein vollendeter Kegel. Auch der Taupo-See im Herzen der Insel ist vulkanischen Ursprungs. Im Norden schließt sich ein ausgedehntes Gebiet thermischer Aktivität an, wo Geysire, Schlammvulkane, Sinterterrassen, dampfende Schlünde und siedende Tümpel der Landschaft ein dämonisches Gesicht geben. Der größte kochende See liegt dort, wo 1886 der Tarawera-Vulkan ausbrach.

Die langgestreckte Südinsel durchzieht eine gegen 4000 Meter Höhe ansteigende Alpenkette, das eigentliche Rückgrat Neuseelands. Wie eine Wehrmauer reckt sich das Gebirge dem regenbringenden Westwind entgegen. Tief greifen die Gletscherzungen in den dichten, immergrünen «Busch» der Westseite herab. Auch die majestätischen Fjorde der Südwestküste wurden von Gletschern geformt, die während der Eiszeit entstanden. Das Meer, das nach dem Ende der Eiszeit anstieg, ertränkte die ehemaligen Gletschertäler.

Im Osten, im Windschatten der Berge, finden sich mit struppigem Tussockgras bewachsene, niederschlagsarme Hochtäler. Die Vegetation nimmt von Westen her ab. Deutlich erkennbar, da kein Wald sie bedeckt, reihen sich alte Flußterrassen übereinander. In zahlreiche Rinnsale aufgeteilt, winden sich Flüsse durch breite, geröllbedeckte Talsohlen dem Meer entgegen. Nur wenige Thermen gibt es auf der Südinsel, nur einzelne Reste von Vulkanismus wie die Banks-Halbinsel.

Die Stewart-Insel besteht aus bis zu 1000 Meter Höhe ansteigenden Granitbergen, die ebenfalls auf der Wetterseite, im Westen, dichte Buschvegetation bedeckt, welche zur Ostseite hin wiederum aufgelockert ist. Diese südlichste größere Insel des Archipels hat ein durchweg feuchtes Klima und weist darum eine gleichmäßigere Vegetation auf.

Durch die Südinsel verläuft der 45. Breitengrad Süd; Neuseeland liegt also genau auf der Mittellinie zwischen Südpol und Äquator. Das Klima reicht vom suptropischen im

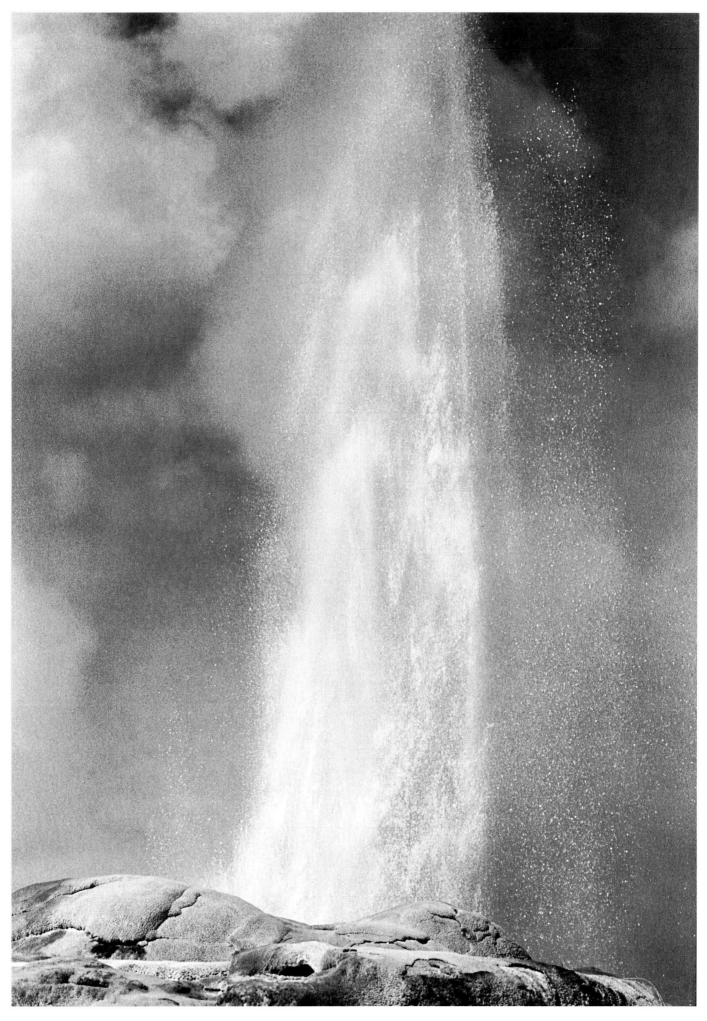

Geysir in Whakarewarewa bei Rotorua. Wasser- und Dampffontänen schießen in unregelmäßigen Intervallen bis zu dreißig Meter in die Höhe.

Die schwefligen Dämpfe von Whakarewarewa. In der vulkanisch aktiven Region der Nordinsel lassen sich fast alle auf der Erde bekannten geothermalen Phänomene beobachten.

Norden bis zum gemäßigten im Süden, von extrem feuchtem im Westen bis zu trockenem im Osten, ja bis zu wüstenhaft aridem wie in Zentral-Otago.

An der frühen naturwissenschaftlichen Erforschung Neuseelands waren deutsche Gelehrte beteiligt: Ernst von Dieffenbach, Julius von Haast und Ferdinand von Hochstetter. Dem Esslinger Geographen Hochstetter, der Neuseeland vor 120 Jahren bereiste, schien es, als habe der Schöpfer in Neuseeland ein Modell der Welt erstellt und alle Wunder der Geographie hier auf kleinstem Raum zusammengefügt. Erinnern die Vulkane an Sizilien, die Geysire an Island, die Fjorde an Norwegen, die Alpen an die Schweiz, die Bergseen an Österreich, so zeigt doch die vollkommene Andersartigkeit der Flora und Fauna von Neuseeland, daß es Europa in der Tat ferner ist als irgendein anderes Land auf dem Globus.

Neuseelands Vegetation ist immergrün. Drei Viertel der Pflanzen sind endemisch und nirgendwo sonst zu finden. Der neuseeländische «Busch», wie sein Urwald genannt wird, mit seinen stolzen Kaurifichten und Südbuchen, seinen Myrtengewächsen, Epiphyten, Baumfarnen, Nikaupalmen, Moosen und Flechten, seinen Fuchsien, Klematis, Ranunkeln, Dotterblumen, Orchideen und Edelweiß ist im wahrsten Sinn des Wortes einmalig. Uralte Pflanzenarten konnten sich in der Isolation dieser Inseln bis heute erhalten.

Noch merkwürdiger ist die Fauna. Sehr wenige Tiere sind Überbleibsel des einstigen Südkontinents: wie einige primitive Froscharten und die Brückenechse, ein lebendes Fossil, von den Eingeborenen Tuatara genannt (Sphenodon punctatus). Dieser Zwergsaurier trägt ein verkümmertes drittes Auge auf der Stirn und kann ein Alter von über hundert Jahren erreichen. Die Brückenechse findet sich heute allerdings nur noch auf kleinen Inseln vor der Küste.

Von Walen, Robben und einer kleinen Fledermausart abgesehen, gab es keine anderen Säugetiere in Neuseeland, ehe der Mensch welche einführte. Um so ungestörter konnte sich die Vogelwelt entwickeln. Die Inseln waren ein Königreich der Vögel, die es in schier

Aus heißem Boden steigen feine Nebel im Waimangu Valley zwischen Rotorua und Wairakei.

unglaublicher Vielfalt gab: vom kleinen, leichtbeschwingten Fächerschwanz, von Staren, Schnäppern, Schwalben, Honigfressern, Tauben und Käuzen bis zu Papageien, Kakadus, Enten, Gänsen, Stelzvögeln, Sturmvögeln und Pinguinen oder flugunfähigen Rallen und flügellosen Schnepfenstraußen wie Weka und Kiwi. Die alles überragenden Könige der gefiederten Bewohner dieser abgelegenen Inseln aber waren die Moas, die flügellosen Riesenstrauße, von denen es mindestens zwanzig Arten gab; Neuseeland besaß mehr solcher Giganten als die gesamte übrige Welt zusammen. Der größte von ihnen, der bis zu dreieinhalb Meter hohe Dinornis maximus, konnte wohl mit einem Tritt einen Menschen töten. Dennoch machten die Menschen diesen Riesen den Garaus. Die großen Moa-Arten waren schon vor der Ankunft der Maori von den als Moajäger oder Moriori bezeichneten Vorsiedlern ausgerottet worden. Kleinere Arten verschwanden erst vor rund zweihundert Jahren. Der Wappenvogel, der Kiwi, ist heute der letzte Vertreter der flügellosen Strauße, die einst Neuseelands Fauna dominierten.

Neuseeland war ein Paradies ohne Adam und Eva, ein Garten Eden, in dem Tiere und Pflanzen in nahezu friedlicher Koexistenz lebten. Da ihnen ein harter Existenzkampf unbekannt war, entwickelten sie auch keine Abwehrwaffen wie Gift oder Dornen. Um so verwundbarer und wehrloser waren sie den aus anderen Kontinenten eingeführten Konkurrenten gegenüber, welche die einheimischen Arten rasch verdrängten und vernichteten. Schon die Maori brachten fremde Lebewesen mit, bedeutend mehr aber die Europäer; und das meiste, was mit ihnen kam, hatte verheerende Wirkung. Glücklicherweise fanden Adam und Eva dieses Paradies erst sehr spät ...

Polynesische Entdeckung

In Europa schrieb man das Jahr 1150. Die Menschen in der Südsee kannten diese Zeitrechnung nicht, denn sie zählten die Jahrhunderte nach Generationen. Vor neun Genera-

Fortsetzung Seite 15

Angler vor dem Panorama der Southern Alps.

Milford Track, der berühmteste Wanderweg durch die Bergwelt des Fjordlands.

Berghütte im Craigieburn Valley südlich von Arthur's Pass.

Langgestreckte, tief in die Berge hineinreichende Seen prägen das neuseeländische Alpenvorland an der Ostseite der Southern Alps. Links: Lake Pukaki, südlich des Mount Cook Nationalpark.

Lake Wanaka, im Hintergrund die Berge des Mount Aspiring Nationalpark.

Lake Wakatipu. Vor 120 Jahren Ziel Tausender Goldgräber, sind der See und die Stadt Queenstown heute Mittelpunkt einer attraktiven Ferienregion.

Steg am Lake Tarawera östlich von Rotorua.

Weinbaugebiet in der sonnenverwöhnten Provinz Marlborough im Norden der Südinsel.

Kingston Flyer. Ein Museumszug pendelt von Oktober bis Mai zwischen Fairlight und Kingston am Südende des Lake Wakatipu.

tionen war Kupe, ein Häuptling der Insel Raiatea bei Tahiti, von einer langen Seereise zurückgekehrt und hatte von einer neuentdeckten großen Insel im Süden berichtet, die nur von riesigen Vögeln bewohnt sei. Um diese Insel zu finden und zu besiedeln, brach nun ein großes Boot mit Männern und Frauen unter ihrem Häuptling Toi von Raiatea auf – mit Kurs nach Südwesten. Der Nordostpassat trieb das große Auslegerboot mit dem riesigen Dreieckssegel stetig vorwärts. Zweitausend Kilometer lagen schon hinter den Seefahrern, deren Vorräte an Früchten und Kokosnüssen zur Neige gingen. Aber ihr Ziel lag vor ihnen: Schon seit Tagen hatten sie den Vorboten eines näherrückenden Gestades vor Augen, eine sich mächtig auftürmende Kumuluswolke. Endlich tauchte es am Horizont auf: Aotearoa, das Land der großen weißen Wolke.

Die Seefahrer gehörten jener Völkergruppe an, die von den europäischen Wissenschaftlern «Polynesier» genannt werden. Sie haben sich in kühnen Seefahrten den größten Lebensraum aller Völker angeeignet: ein Gebiet von über sechzig Längen- und Breitengraden im größten Ozean der Erde, dem Pazifik. Allerdings bestand der bewohnbare Raum nur aus zahlreichen größeren und kleineren Inseln, aus weit voneinander entfernten Archipelen, verteilt über das Meer wie die Sterne am Himmel. Da die Größe der Inseln jeweils nur einer beschränkten Anzahl von Bewohnern eine Existenz bot, mußten immer wieder ganze Sippen auswandern zu neuen Ufern, zu neuen Inseln. Das große Meer schien unerschöpflich reich daran zu sein, man mußte sie nur finden!

Mit ihren hochseetüchtigen Schiffen – entweder große Auslegerboote oder aus zwei aneinandergebundenen Kanus bestehende Katamarane mit aus Pflanzenfasern geflochtenen Segeln – durchpflügten die Polynesier den Stillen Ozean lange, ehe man in Europa von seiner Existenz erfuhr; sie segelten nach den Sternen, den Strömungen des Meeres, dem Wind und den Wolken. So stießen sie weit ins Herz des großen Meeres vor, besiedelten Samoa, Tonga, Tahiti und andere Inselgruppen. Von dort aus wurden die Hawaii-Inseln im Norden, die Osterinseln im Südosten und Aotearoa im Südwesten entdeckt. Allerdings waren ihnen in den zweihundert Jahren, die seit Kupes Fahrt vergangen waren, bereits andere zuvorgekommen: Die Reisenden aus Raiatea fanden eine Bevölkerung von kleineren und dunkleren Bewohnern vor, mit krausem Haar und breiten Nasen, offenbar Melanesier oder Polynesier mit starkem melanesischem Einschlag. Ihre Sprache glich derjenigen der Ankömmlinge, die so erfuhren, daß auch diese Siedler bei ihrer Ankunft auf der Insel schon Bewohner angetroffen hatten, die dann wiederum von ihnen absorbiert, vertrieben oder ausgerottet wurden.

Den Moajägern wurde nun das gleiche Schicksal zuteil. Die «Maori», wie sich die Leute aus Raiatea nannten, waren nun die Herren im Lande, zumal sie weitere Verstärkung aus der Heimat bekamen. Die letzte große «Flotte» erreichte Aotearoa um 1350. Die Einwanderer verdrängten die Moriori, ihre Vorgänger, systematisch: Sie absorbierten sie durch Heirat, zwangen sie auszuwandern oder brachten sie um.

Die Maori waren große, kräftige, hell- bis mittelbraune Menschen mit schwarzem, leichtgewelltem Haar, dunkelbraunen Augen und starken, gesunden Zähnen. Männer und Frauen von Rang ließen sich tätowieren: bei den Männern Gesicht, Hüften und Oberschenkel, bei den Frauen Lippen und Kinn, manchmal auch Taille und Stirn. Die Maori gelten wie alle Polynesier als musikalisch und künstlerisch begabt. Sie verfügten über ein ausgezeichnetes Gedächtnis, was für ihre mündliche Überlieferung von Bedeutung war. Sie besaßen keine Metallwerkzeuge, ihre Geräte waren aus Stein, aus Holz, Muscheln oder Knochen. Sie lebten in Stammesgemeinschaften, in denen strenge «Tapus» das Zusammenleben regelten. Monogamie war üblich, allerdings hatten Häuptlinge manchmal zwei Frauen. Der einzelne besaß wenig Eigentum und hatte nur untergeordnete Bedeutung; der Stamm allein war wichtig, und für jedes Mitglied bestanden ihm gegenüber Verpflichtungen, denen es sich nicht entziehen konnte. Was immer dem Stamm zugefügt wurde, mußte von diesem gerächt werden. «Utu» – Sühne, Rache oder Vergeltung – war ein zwingendes Gesetz, dessen Nichtbefolgung den Verlust von «Mana» – Ehre, Würde und Bedeutung – mit sich brachte.

Tatsächlich hatten diese «Wikinger des Sonnenaufgangs», wie sie manchmal genannt werden, einiges gemeinsam mit den Atlantikfahrern. Ähnlich wie diese lebten die Maori in einer Dreiklassengesellschaft. Zur Adelskaste gehörten die Häuptlingsfamilien und die «Tohungas», die Priester, Seher, Zauberer und Bewahrer der mündlichen Überlieferung. Die Krieger, Handwerker, Jäger und ihre Familien bildeten den zweiten Stand. Daneben gab es eine Sklavenkaste aus Kriegsgefangenen der zahlreichen Stammesfehden. Auch die Polynesier glaubten an ein Pantheon von Naturgottheiten, deren Gunst und Ungunst man ausgeliefert war. Aberglaube und furchtsames Beobachten von Omen und Zeichen beherrschten ihr Leben. Und wie die Wikinger waren die Polynesier Seefahrer, Entdecker und Eroberer aus Leidenschaft.

Während des 12. und 13. Jahrhunderts bestand noch lebhafter Schiffsverkehr zwischen der Tahiti-Gruppe und Aotearoa. Nach der Landung der «Flotte» verlor sich dieser Kontakt zwischen den Archipelen. Aotearoa war die letzte und größte Entdeckung der Polynesier, die einzige Inselgruppe ihres Siedlungsgebiets, die nicht in den Tropen lag. Zwar gab es auch hier, wie auf den meisten ihrer Inseln, Feuerberge, aber in der «Zeit der kurzen Tage» lagen sie tief unter dem Schnee, der selbst in der warmen Jahreszeit nie ganz abschmolz. Noch ungastlicher war das Klima auf der langgestreckten Südinsel, deren hohe Bergketten das ganze Jahr über vergletschert blieben und deren Eiszungen bis in den subtropischen Urwald hinunterreichten. Die südlichste (Stewart-)Insel war im Winter heftigen Stürmen ausgesetzt.

Die Nordinsel wurde in der Vorstellung der Maori vom Halbgott Maui aus dem Meer gefischt, wie auch viele andere pazifische Inseln. Daher bekam sie den Namen «Te Ika a Maui» – «der Fisch des Maui». Die langgestreckte Südinsel wurde erst als das Kanu Mauis angesehen: «Te Waka a Maui». Als man aber die Nephritvorkommen an den Ufern der großen Fjorde im Südwesten entdeckte, die für Schmuck, Geräte und Waffen verwendet wurden, nannte man sie «Te Wai Pounami» – «Wasser des grünen Steins». So wurde auch aus der Stewart-Insel (zuerst «Te Punga o te Waka a Maui» – «Der Anker von Mauis Kanu» genannt) bald «Rakiura» – «Land des klaren Himmels».

In diesem großen, aber kühlen Land zwangen ungewohntes Klima und Mangel an bekannten Rohstoffen die Maori zu größeren Anstrengungen, um zu überleben. Da von den mitgebrachten Nutzpflanzen nur Taro und Kumara (Süßkartoffel, Ipomea batata) hier gediehen, mußten andere eßbare Gewächse, Wurzeln, Blätter, Samen gefunden werden. Fische und Muscheln, Vögel und Vogeleier sowie die eingeführten Hunde und Ratten gehörten außerdem zu den Nahrungsmitteln. Die Speisen wurden im Erdofen zwischen im Feuer erhitzten Steinen oder in den kochenden Quellen zubereitet. Kleidung wurde aus Flachs hergestellt, ebenso Leinen, Matten, Segel, Fackeln und Leim. Vogelfedern dienten als Material für kostbare Umhänge.

Besonders in der Bearbeitung von Holz waren die Maori Meister. Die Giebelbalken ihrer Beratungs- und Vorratshäuser wurden mit kunstvollen Schnitzereien verziert, die Götter, Fabelwesen oder Gesichter mit drohend herausgestreckter Zunge zeigen. Die Zwischenräume füllen geschickte Spiralmuster. Bug und Heck ihrer großen Einbäume, in denen achtzig bis hundert Ruderer Platz hatten, wurden mit herrlichen, oft durchbrochenen Schnitzmustern versehen. Kunstwerke aus Holz waren auch die großen Eingangstore in den Palisaden, hinter denen ihre Dörfer angelegt waren. Diese befestigten Siedlungen sind einmalig in Polynesien und wurden «Pa» genannt. Die Maori waren ein kriegerisches Volk und ihre Stammesfehden zahlreich; darum errichteten sie so starke Befestigungen, Erdwälle und Gräben, daß nicht einmal die modern ausgerüsteten Truppen der Engländer im 19. Jahrhundert sie erobern konnten. Es gab immer einen Grund, «Utu» an einem Nachbarstamm zu üben. Die braunen Männer waren harte, listige Krieger; die Würde eines Mannes hing von seiner Tapferkeit und von seinem Redetalent ab. Der Kampf Mann gegen Mann endete meist mit dem Tod – und dem Verzehr des Gegners. Damit glaubte man, dessen Mut und Tapferkeit in sich aufzunehmen. Allerdings wurden auch Kriegsgefangene als Sklaven mitgeführt.

Fortsetzung Seite 33

Beehive, der an einen Bienenkorb erinnernde Sitz der neuseeländischen Regierung. Rechts das Old Gouvernment Building aus dem Jahr 1876, einer der größten Holzbauten der Welt.

Nächste Doppelseite: Neuseeländische Wohnqualität. Die Grundrisse und Fassadendetails dieser aus Holz gebauten Einfamilienhäuser in einem Vorort Wellingtons dokumentieren ein ausgeprägtes Bedürfnis nach Individualität.

Angeln ist in Neuseeland Volkssport. Der Big Gamefish Club ist daher einer der Hauptanziehungspunkte von Whangaroa im Nordosten der Nordinsel.

Für den kleinen Hunger zwischendurch. Tea-Rooms in der Tokomaru Bay am East Cape der Nordinsel.

Wegweiser zu einer unberührten Bergregion, in der überwiegend Maori leben.

Nächste Doppelseite: Urwaldufer am Lake Tarawera, der 1886 durch den Ausbruch des gleichnamigen Vulkans entstand.

Schroff abfallende Felsen am Ufer der Whangaroa Bay im Norden Neuseelands.

Flechten und Moose prägen den Regenwald am Mangakahia River im nördlichen Teil der Nordinsel.

Dampfende Felsen im Waimangu Valley, im vulkanisch aktiven Zentrum der Nordinsel.

Südlich des Tarawera Vulkans erhitzen unterirdische Thermen einen See im Waimangu Valley.

Nächste Doppelseite: Mount Victoria, eine der typischen Erhebungen in Auckland. Wie riesige Ameisenhaufen überragen sechzig erloschene Vulkane das Stadtgebiet.

Wanganui City bei Einbruch der Dämmerung. Die kleine Stadt ist der Mittelpunkt einer reichen Agrarregion im Westen der Nordinsel.

Einfamilienhäuser in New Plymouth. Im Hintergrund der Mount Egmont-Vulkan, der heute wieder Mount Taranaki («der Baumlose») genannt wird.

Abend in Wairoa, einer Kleinstadt an der Hawke Bay. Die Maori dieser Region hatten sich lange geweigert, ihren Grund und Boden zu verkaufen. Der Ort entstand erst nach ihrer Niederlage in den «Landwars» Anfang der 1880er Jahre.

Nächste Doppelseite: Die Nebel der Unterwelt. Vulkanische Kraterlandschaft im Waimangu Valley.

Der Mount Egmont (Mount Taranaki) bildet den Mittelpunkt des gleichnamigen Nationalparks im äußersten Westen der Nordinsel.

Diese nie endenden Stammeskriege verhinderten einen starken Bevölkerungszuwachs. Man schätzt, daß es in Neuseeland vor der Ankunft der Weißen etwa 150 000 Maori gegeben hat.

Auch die braunen Besiedler Neuseelands haben Bäume gefällt und Vögel gejagt, einige bis zur Ausrottung (wie die Moas). Sie haben fremde Pflanzen und Tiere importiert und damit begonnen, Neuseelands Natur zu verändern. Aber ihre Eingriffe in die Natur und ihr ökologisches Gleichgewicht blieben begrenzt. Die kriegerische Entschlossenheit der Maori verhinderte die Einwanderung von Fremden; kein anderes Volk in der Südsee war diesen wilden Kriegern gewachsen.

Die Gefahr, die Menschen, Tiere und Pflanzen dieses Inselreichs bedrohte, kam von der anderen Seite der Erde ...

Die Ankunft der Europäer

Am 13. Dezember 1642 tauchten an der Nordwestküste von «Te Wai Pounami» – der Südinsel – die prallen Segel zweier europäischer Schiffe auf: die «Heemskerk» unter dem Kommando des Kapitäns der Niederländischen Ostindien-Gesellschaft, Abel Tasman, und der «Zeehaen» unter dem Ostfriesen Ide Holmann. (Wer weiß schon, daß ein Deutscher aus Jever zu den Entdeckern Neuseelands gehört?) Die kleine Flotte war mit dem Auftrag ausgeschickt worden, eine bisher unbekannte Küste (die westaustralische) zu erforschen, an der schon mehrere holländische Segler zerschellt waren. Möglicherweise, so dachte man, war es der gesuchte Südkontinent, die «Terra australis incognita».

Nachdem die beiden Schiffe das westliche sowie das südliche Australien umfahren und die Insel entdeckt hatten, die heute «Tasmanien» heißt, waren sie mit Ostkurs weitergesegelt. Eine Woche später tauchte zu Tasmans großem Erstaunen Land an der Steuerbordseite der Schiffe auf. Sie liefen in eine einladende, von dichtem Grün umrahmte Bucht ein und gingen vor Anker. Während Tasman die unbekannte Küste eifrig kartierte und ihr den Namen «Statenland» zu Ehren der Niederländischen Generalstaaten gab, wurden Matrosen mit dem Beiboot zum Frischwasserholen an Land geschickt. Plötzlich schossen mit kriegerischen Eingeborenen bemannte schlanke Boote auf die Kutter der Holländer zu. Die «Wilden» überfielen die Matrosen und richteten mit Keulen und Speeren ein Blutbad unter ihnen an. Nur mit Mühe konnten sich die Überlebenden auf die Schiffe retten, verfolgt von den Maori, die sich auch durch Schüsse nicht abschrecken ließen. Als Tasman einsah, daß die Eingeborenen jeden Landeversuch vereiteln würden, ließ er die Anker lichten. Die beiden Schiffe verließen die «Mordbucht», ohne daß das Rätsel der Zugehörigkeit dieser Küste zu irgendeinem Kontinent gelöst war. Während die Segler Kurs nach Nordwesten nahmen, zurück nach Batavia, sah Tasman die Umrisse des rätselhaften Landes am Horizont verschwinden, das er zwar entdeckt, benannt, aber nie betreten hatte. Tasmans «Statenland» wurde bald nach seiner Heimatprovinz benannt: Nieuw Zeeland.

Den ersten Landungsversuch von Europäern hatten die Maori somit erfolgreich abgewehrt. Erst 126 Jahre später kam das nächste europäische Schiff. Es war die «Endeavour», mit welcher der englische Kapitän James Cook, von Tahiti kommend, am 7. Oktober 1769 an der Ostküste von «Te Ika a Maui» vor Anker ging. Auch Cook war mit dem Geheimauftrag unterwegs, das Südland zu entdecken. Was lag näher, als Tasmans Küstenlinie näher in Augenschein zu nehmen?

Aber Cook machte ähnliche Erfahrungen wie Tasman: Wieder wehrten die Inselbewohner alle Landungsversuche der Fremden ab – ungeachtet der Schußwaffen, von denen die Briten Gebrauch machten. Erst nach mehreren vergeblichen Versuchen fanden sie einen freundlicheren Stamm, der sich von Tupia, einem mit der «Endeavour» reisenden Tahitianer, von der Harmlosigkeit und den friedlichen Absichten der «Pakehas», der Weißen, überzeugen ließ, denn einigermaßen verstanden die Maori den Polynesier. Die Engländer durften landen, ihre Wassertonnen füllen, einen Vorrat an Süßkartoffeln einhandeln und als erste Europäer ein «Pa» besichtigen. Cook drückte seine Bewunderung darüber aus, daß Steinzeitmenschen derartige Befestigungen errichten konnten.

Während Cook das Land umsegelte und kartierte, begriff er rasch, daß er keinen Kontinent, sondern einen Archipel vor sich hatte. Weiterhin blieben friedliche Begegnungen mit den Eingeborenen eine Ausnahme. Immer wieder kam es zu Gefechten zwischen den Briten und ihnen, was Cook Gewissensbisse bereitete, denn er gehörte zu den wenigen Entdeckern, die auch «Wilde» für Menschen hielten. Als Soldat bewunderte er die Tapferkeit der Maori-Männer.

Weniger zart besaitet waren allerdings französische Seeleute. Während die «Endeavour» nach Umseglung der Nordspitze von «Te Ika a Maui» an der Westseite weiterfuhr, ging an der Ostseite die «Saint-Jean-Baptiste» unter Kapitän de Surville vor Anker. Die Maori dieser (von Cook «Doubtless Bay» genannten) Bucht erlaubten den Franzosen nicht nur, ihre zahlreichen Skorbutkranken an Land zu bringen, sondern retteten auch die Insassen eines bei hohem Seegang gekenterten Landungsbootes. Die Hilfe der Eingeborenen und die Gastfreundschaft des Stammeshäuptlings, der den Kranken sein Haus zur Verfügung stellte, «belohnte» Surville, nachdem einige Diebstähle bekannt geworden waren, mit dem Niederbrennen des Pa und der Mariboote sowie der Entführung des Häuptlings. Am nächsten französischen Schiff, der «Marquis de Castries», das drei Jahre später in Neuseeland vor Anker ging, übten die Maori «Utu»: Sie erschlugen den Kapitän Marion du Fresne mit sechsundzwanzig seiner Seeleute, wofür die Franzosen drei Pas vernichteten und fünfzig braune Krieger umbrachten. Die Maori haben den «Wiwis» (von «oui, oui») ihre Grausamkeit nie verziehen.

Cook verließ Neuseeland nicht, ohne es offiziell für Großbritannien annektiert zu haben; am 31. März 1770 ließ die «Endeavour» die Inseln hinter sich und nahm Kurs auf Ostaustralien. Auch auf seinen beiden folgenden Weltreisen kehrte Cook stets nach Neuseeland zurück. Während der zweiten Fahrt begleiteten ihn zwei Deutsche, Vater und Sohn Forster. Dem jungen Georg Forster verdanken wir einen der frühesten Berichte über Neuseeland.

Nach Cooks Reisen war die Geographie der Antipoden weitgehend bekannt, er hatte unter anderem bewiesen, daß es den vermuteten Südkontinent nicht gab. Für die Schiffe, die auf seiner Spur zum Stillen Ozean vorstießen, war es keine Reise ins Unbekannte mehr.

Allerdings waren die Passagiere, die von diesen Schiffen zu den Antipoden transportiert wurden, keine Elite der weißen Menschheit. Es waren Gestrauchelte, Ausgestoßene, Rebellen und Verbrecher, die zur Deportation in die neue britische Verbrecherkolonie in Südostaustralien verurteilt worden waren, es waren Robben- und Walfänger, die immer weiter in den südlichen Pazifik vorstießen und sich mit ihren Feuerwaffen den Zugang zu den Inseln erzwangen.

Bald qualmten die Trantöpfe auch an den Buchten Neuseelands. Auf den Schiffen der Walfänger fanden entlaufene Sträflinge und Deserteure der englischen Schiffe ihren Weg nach Neuseeland. Viele dieser Leute waren von brutaler Roheit. Oft entführten die Walfänger Maori, um sie als Harpuniere einzusetzen. Sie behandelten diese stolzen Krieger wie das Gesindel auf ihren Schiffen, ließen sie für irgendein Vergehen auspeitschen und verletzten damit das «Mana», ihre menschliche Würde, aufs schwerste. Wenn dann die Maori, entsprechend ihrem Gesetz, «Utu» übten und sich an den Peinigern rächten, entsetzte sich die zivilisierte Welt über die «blutrünstigen Barbaren».

Die Walfänger dezimierten nicht nur in wenigen Jahren die Wale und Robben dieses Gebietes, sondern waren auch für den Tod Tausender Maori verantwortlich. Durch sie kamen die Eingeborenen in den Besitz von Gewehren. Die mit diesen überlegenen Waffen ausgerüsteten Stämme fielen vernichtend über ihre Nachbarn her; so wurden aus Stammesfehden blutige Ausrottungskriege.

Noch schlimmer aber wüteten die durch die Weißen eingeschleppten Masern, Pocken, Keuchhusten, Diphtherie und Tuberkulose unter den Eingeborenen. Krankheiten, gegen

Die Maori bauten als einzige Polynesier befestigte Dörfer mit Verteidigungsgräben, Wachtürmen und hölzernen Palisaden.

die sie keine Abwehrkräfte besaßen. Ein halbes Jahrhundert nach dem Besuch der «Endeavour» hatten Kriege und Epidemien die Zahl der Maori um die Hälfte verringert.

Erst 1814 kamen andere Weiße ins Land, als englische Missionarsfamilien sich in der Bay of Islands (nördlich von Auckland) niederließen. Sie hatten ihr Leben den Eingeborenen dieses Landes gewidmet und waren bereit, die Kranken zu pflegen, die Jungen zu unterrichten, die alten Stammestabus durch christliche Gebote und «Utu» durch Nächstenliebe zu ersetzen. Die Missionare taten alles, was in ihrer Macht stand, um die Eingeborenen gegen jene Weißen zu schützen, die Charles Darwin bei seinem Besuch 1835 den «Abfall der menschlichen Gesellschaft» nannte. Aber auf eine andere Weise brachten auch sie verheerende Übel ins Land, denn sie importierten Pferde, Kühe, Ziegen und Haustiere wie Katzen und Hunde; sie bauten europäisches Gemüse, Obst und Getreide an. Darwin erkannte als erster mit Besorgnis, wie sich diese aus Europa eingeführten Pflanzen und Tiere auf Kosten der einheimischen Flora und Fauna ausbreiteten.

Aber das war nur der bescheidene Anfang einer Entwicklung, die nicht mehr aufzuhalten war und Generationen von Neuseeländern zur Verzweiflung bringen sollte. Neuseeland sollte bald zum klassischen Exempel einer schwerstens aus dem ökologischen Gleichgewicht gebrachten Natur werden.

In Großbritannien, wo die großen sozialen Umwälzungen des frühen Industriezeitalters sowie die Depressionen der Napoleonischen Kriege Tausende besitz- und heimatlos gemacht hatten – hinzu kam eine durch einen Kartoffelparasiten verursachte Hungersnot in Irland –, träumte inzwischen ein Mann namens Wakefield einen utopischen Traum von einem besseren, geläuterten Britannien. In jenes Land auf den Antipoden sollte all das verpflanzt werden, was England liebenswert machte, während man die Probleme zurücklassen wollte. Eine glücklichere Gesellschaft, aus ausgesuchten Einwanderern aller Stände und Berufe zusammengesetzt, sollte dort ohne die Entartungserscheinungen der Industrialisierung leben, in idyllischer Lauterkeit. Wakefield gründete

Ankunft von Einwanderern in Port Lyttelton, dem geschützten Hafen von Christchurch. Stich aus dem Jahr 1851 von Thomas Allow Oram nach einem Gemälde von William Fox.

eine Organisation, die «New Zealand Association» (aus der später die New Zealand Land Company wurde), und in Kürze meldeten sich viele tausend Interessenten. Entsetzt über die Pläne dieser Gesellschaft appellierten die Missionare von Neuseeland aus an die britische Regierung, einzuschreiten, wenn man verhindern wolle, «daß die Kinder dieses Landes enteignet werden». Aber erst, als Wakefield durch seinen Bruder acht Millionen Hektar Land von den Maori gegen einige tausend Decken, Hemden, Jacken, Hosen, Schuhe, Gewehre, Feuersteine, Pulver, Äxte, Fischhaken, Scheren und andere Geräte «ertauschte» und bereits die ersten Einwandererschiffe unterwegs waren, reagierte die englische Regierung und schickte einen Marineoffizier namens Hobson (der auch der erste Gouverneur der Kronkolonie New Zealand wurde) zu den Antipoden. Die Missionare, die das Vertrauen der Maori besaßen, hatten die Häuptlinge zusammengerufen, denen die englische Krone ihren Schutz anbot. So wurde 1840 der berühmte Vertrag von Waitangi geschlossen, in dem die Maorihäuptlinge der englischen Krone ihre Souveränitätsrechte übertrugen. Ihr Volk wurde dafür als völlig gleichberechtigtes Mitglied der britischen Völkerfamilie mit allen Rechten und Möglichkeiten anerkannt, und es wurde ihnen der Schutz ihres Landes sowie ihres Besitzes garantiert.

Beide Vorhaben waren von vornherein zum Scheitern verurteilt – wie alle Pläne, welche die Realitäten ausklammern. Was die «New Zealand Association» betraf, so zeigte es sich bald, daß eine europäische Feudalgesellschaft nicht in ein jungfräuliches Land ohne jegliche Zivilisation verpflanzt werden konnte. Von den «Bürgern aller Schichten» blieben nur die Bauern und Handwerker. Die Einwanderer gehobener Bildung, für die hier kein Wirkungsfeld war, kehrten zum großen Teil zurück nach England.

Aber ebenso unmöglich war es für Hobson, den Gouverneur des nun zur Kronkolonie gewordenen Inselreichs, auf die Dauer das Gebiet der Maori vor den in immer größerer Zahl heranströmenden Siedlern zu schützen und die Einwanderer daran zu hindern, von den Eingeborenen Land zu erwerben – auf reelle oder unreelle Weise. Dadurch wurde ein

Faksimile des Vertrags von Waitangi. Gouverneur Hobson schloß am 6. Februar 1840 mit 500 Häuptlingen einen in der Kolonialgeschichte einmaligen Vertrag: Gegen die Übernahme aller Souveränitätsrechte garantierte die britische Krone den Maori uneingeschränkte Besitzrechte sowie alle Rechte und Pflichten britischer Staatsbürger. Reverend Williams, der den Vertragstext in die Eingeborenensprache übersetzte, und die Häuptlinge Tamati Waaka Nene und Te Ruki Kawiti propagierten die Unterzeichnung unter den Maori.

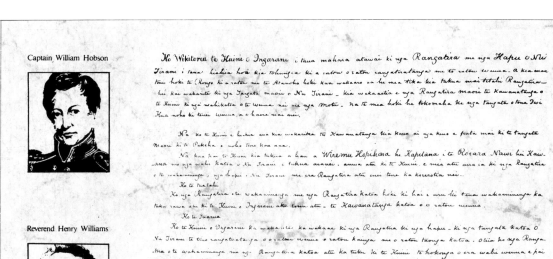

Captain William Hobson

Reverend Henry Williams

Tamati Waaka Nene

Te Ruki Kawiti

Pioniere als Landschaftszerstörer. Um Viehweiden zu schaffen, wurden große Waldgebiete niedergebrannt. Photographie um 1870.

Teil des Wakefieldschen Traums Wirklichkeit: Die Briten schufen hier eine englische Landschaft. Immer mehr Siedlungen entstanden, von denen einige dazu bestimmt waren, die wichtigsten Städte Neuseelands zu werden: Auckland im Norden und Wellington im Süden der Nordinsel, Christchurch und Dunedin auf der Südinsel. Immer mehr Busch mußte Äckern und Gärten weichen, auf denen aus England importiertes Gemüse, Obst, Getreide, Beeren, Büsche und Blumen angepflanzt wurden, die sich in Kürze in ungeahntem Maß ausbreiteten; bald bedeckte Besenginster weite Gebiete und wucherten Brombeerhecken wie Dornenfestungen empor.

Auch die Fauna veränderte sich dramatisch. Von Schiffsratten abgesehen, die als blinde Passagiere eingewandert waren (und die Neuseelandratten rasch verdrängten), kamen neben Nutztieren wie Rindern, Pferden, Ziegen, Schafen und Schweinen auch Haustiere wie Hunde und Katzen ins Land. Viele von ihnen entliefen und begannen im Busch zu streunen. Sie zerstörten Gelege und jagten Vögel, besonders solche, die nicht fliegen konnten. Auch europäische Konkurrenten wie Finken, Lerchen, Drosseln und Stare führten zu einer Dezimierung der einheimischen Vogelwelt.

Aber nicht genug damit. Man träumte vom fröhlichen Halali, wie es in Großbritannien so beliebt war, und führte Wild ein: Hirsche, Damwild, Rehe und Gemsen aus Europa und Amerika, Steinböcke aus dem Himalaya, Opossums aus Australien und – als Krönung dieser schier unglaublichen Kurzsichtigkeit – Kaninchen.

Unter den idealen Bedingungen, die die neue Heimat den eingeführten Tieren bot, und ganz ohne ihre natürlichen Feinde vermehrten sie sich rasant. Bald schwanden durch Wildfraß Koniferen und Baumfarne, Büsche und Bergblumen dahin. Verödetes Land blieb zurück, das die Kaninchen vollends kahlfraßen und mit zahlreichen Gängen unterminierten. Entsprechend ihrer sprichwörtlichen Fruchtbarkeit vermehrten sie sich ungestört; bald wimmelte das ganze Land von Kaninchen, und es war nun kein Vergnügen mehr, Kaninchen zu jagen, denn sie entwickelten sich zu einer Plage, der niemand mehr

Kohlenbergarbeiter-Siedlung in der Nähe von Westport. Photographie um 1910.

Herr werden konnte. Als man schließlich zu einem Mittel griff, das auch heute noch von Besuchern aus Europa als «Lösung» vorgeschlagen wird, nämlich vierbeinige Feinde, Marder, Wiesel und Frettchen, einführte, zeigte es sich bald, daß diese viel müheloser satt wurden an den hilflosen Vögeln.

Als ob die Kaninchen nicht schon genügend Land zerstört hätten, strömten 1860 auch noch Tausende von Glückssuchern aus aller Herren Länder – auch aus China – herbei, da man auf der Südinsel Gold gefunden hatte. Die Digger wanderten flußabwärts in die Berge und wühlten die Flußufer um, siebten das Geröll durch und brannten alles nieder, was ihnen an Bäumen oder Büschen im Weg war. Sie lösten eine Bodenerosion aus, die bis heute ihre unübersehbaren Spuren hinterlassen hat. Schwollen im Frühjahr nach der Schneeschmelze die Flüsse an, rissen sie ganze Goldgräbersiedlungen mit sich fort; keine Chronik hat je die Toten gezählt.

Auch auf der Nordinsel hielt der Tod reiche Ernte. Die Maori erhoben sich gegen die «Pakehas». Sie sahen, wie ihre Gebiete, ihre Strände und Dörfer in den Privatbesitz von Weißen übergingen, sie fühlten sich enteignet, übergangen, bestohlen und griffen zu den Waffen. Nach der Auslegung des Vertrags von Waitangi war dies Rebellion. Und so wurden ganze britische Regimenter im Kampf gegen die Eingeborenen eingesetzt, deren Waffen vorwiegend in Steinkeulen und Holzspeeren bestanden. Dennoch kämpften die Maori mit Tapferkeit und Fairneß, für sie war Krieg immer etwas wie Sport gewesen.

Der Sieger stand von vornherein fest. Am Ende dieser Kriege, die sich bis 1870 hinzogen, hatten die Eingeborenen zwar die Hochachtung der «Pakehas» gewonnen, aber viele ihrer besten Leute und eine Million Hektar Land verloren. Für die Maori war diese Niederlage eine bittere Erfahrung. Apathie und Resignation waren die Folge; sie schienen allen Lebensmut verloren zu haben, ja, ein sterbendes Volk zu sein.

Um 1860 gab es schon 100 000 Weiße im Land, doppelt so viele wie Maori – und dreißigmal mehr Schafe. Wolle wurde zum wichtigsten Exportgut. Gold und Wolle brachten

Lambton Quay in Wellington. Photographie um 1860.

Princess Street in Dunedin. Photographie 1861.

Blick auf Wellington. Photographie um 1930.

Maori-Schafscherer in der Bay of Islands. Photographie um 1900.

eine kurze Blütezeit, in der Straßen, Brücken, Eisenbahn- und Telegrafennetz ausgebaut wurden. Aber das Gold war bald erschöpft, und der Wollpreis blieb abhängig von den Schwankungen auf dem Weltmarkt. Glücklicherweise ermöglichte die Erfindung von Kühlschiffen auch die Lieferung von Fleisch und Molkereiprodukten zum englischen Markt, wofür Großbritannien Industriegüter lieferte. Dieses Arrangement mit dem «Mutterland» erlaubte Neuseeland, seine eigene Industrie zu vernachlässigen. Hinzu kam die geringe Größe des Binnenmarkts, das Land hatte nicht mehr Einwohner als Hamburg. Auch der Mangel an Mineralien spielte eine Rolle, denn mit Ausnahme von Gold, Kohle, Schwefel und Phosphor fanden sich Bodenschätze nur in unwesentlichen Mengen.

Einwanderer strömten weiter ins Land, nicht nur aus Großbritannien. Um die Jahrhundertwende zählte die Bevölkerung Neuseelands eine dreiviertel Million, darunter auch Skandinavier, Schweizer, Italiener, Dalmatier, Franzosen und Deutsche – diese bildeten bis zum Ausbruch des Ersten Weltkriegs den stärksten nichtbritischen Bevölkerungsanteil, von den 50 000 Maori abgesehen.

1914 zog Neuseeland an der Seite Großbritanniens in den Krieg, der dem Land einen hohen Blutzoll abforderte. Noch mehr Neuseeländer starben an einer von den heimkehrenden Soldaten eingeschleppten Influenza-Epidemie.

Die Wellen der folgenden weltweiten Wirtschaftsdepression erreichten auch bald Neuseelands Gestade: Arbeitslosigkeit und Verarmung waren die Folgen. Die bisherige liberale Regierung wurde abgelöst von einer sozialistischen, die sich bis nach dem zweiten Weltkrieg immer wieder durchsetzen konnte. Die Sozialisten hüllten die Neuseeländer in ein Netz sozialer Sicherung von der Wiege bis zur Bahre: Finanzhilfen für Mütter und Kinder, Familien, Witwen, «Häuslebauer», Mietzuschüsse, Rehabilitationszuschüsse, Altersrente für jeden, Erziehung und Krankenfürsorge zum Nulltarif und vieles andere mehr. Der kostenlose Gesundheitsdienst kam auch den Eingeborenen zugute: Regelmä-

Auf einem Schlitten wird der untere Teil eines Kauri-Baumes zu einem Sägewerk gezogen. Photographie um 1910.

ßige Kontrolle, Früherkennung und Behandlung halfen Krankheiten, wie beispielsweise die Tuberkulose, zu überwinden. Die Maori faßten wieder Tritt, ihre Zahl begann wieder zu steigen, 1980 besaßen 280 000 Einwohner mindestens zur Hälfte Maoriblut. Um die einheimische Industrieentwicklung zu fördern, wurden Schutzzölle errichtet. Mit der Gewißheit, daß Großbritannien die neuseeländischen Agrarprodukte zu privilegierten Bedingungen abnahm, konnte man nun den harten Pionierjahren eine Zeit des «Take it easy» folgen lassen.

Auch während des Zweiten Weltkriegs stand Neuseeland treu an der Seite Großbritanniens. Neuseeländische Soldaten, deren Heimat durch die japanischen Invasionsabsichten auf Australien selbst in Gefahr war, zum Kriegsschauplatz zu werden, kämpften in Europa und in Afrika gegen die «Jerries».

Die Nachkriegszeit aber brachte drastische Veränderungen für die Inseln. Zunächst war das kriegszerstörte Europa ein aufnahmefähiger Markt für Agrarprodukte. Neuseeland wurde der Welt größter Exporteur für Schaf- und Molkereiprodukte, der zweitgrößte für Wolle und der drittgrößte für Rindfleisch. Doch mit der Auflösung des Empire und dem Beitritt Großbritanniens zur Europäischen Gemeinschaft verlor Neuseeland einen großen Teil seines englischen Absatzmarktes. Es mußte sich nach anderen Handels- und militärischen Bündnispartnern umsehen, was nicht ohne schmerzliche Veränderungen vor sich ging. Die durch Protektionismus und Interventionismus gegängelte und durch zahlreiche Streiks beeinträchtigte Wirtschaft spürte plötzlich den scharfen Wind des internationalen Wettbewerbs. Dazu kam die weltweite Ölkrise, die Neuseeland besonders hart traf. Die wirtschaftlichen Schwierigkeiten wurden durch hohe Soziallasten, eine mächtige Bürokratie, wachsende Auslandsverschuldung, hohe Inflationsraten und sinkende Produktionsziffern verstärkt. Drückende Steuerlasten, steigende Lebenshaltungskosten und wachsende Arbeitslosigkeit ließen manchen die Koffer packen. Neuseeland, bisher immer ein Ziel für europamüde Einwanderer, wurde zum Auswandererland. Allein

Der Cable Car, eine Standseilbahn, verbindet höhergelegene Stadtteile Wellingtons mit dem Zentrum.

im Jahre 1978 standen den 28 000 Einwanderern rund 40 000 Emigranten gegenüber. Vor allem junge, qualifizierte Kräfte verließen resigniert ihre Heimat.

Die wirtschaftliche Struktur Neuseelands hat sich in den letzten Jahren zwar nicht grundlegend geändert, unterlag aber einem Modernisierungsprozeß. Bei der Suche nach neuen Märkten wurden vor allem im pazifischen Raum, in Amerika und im Nahen Osten Erfolge erzielt. Ende der siebziger Jahre leitete der damalige Premierminister Muldoon mit dem Slogan «Think Big» die Entwicklung industrieller Großprojekte ein, die – unterstützt von enormen staatlichen Subventionen – zu einer technologisch anspruchsvollen Produktion mit guten Exportchancen führen sollte. Gefördert wurde vor allem die Erschließung und Verwertung von Rohstoff- und Energieressourcen. Erfolge wurden besonders bei der Nutzung von neuentdeckten Gasfeldern erzielt, die unter anderem durch die Herstellung von synthetischem Benzin den Anteil des Import-Erdöls von 58% (1970) auf 28% (1984) reduzierte. Neuseelands Industrie ist nach wie vor stark auf die Verarbeitung von landwirtschaftlichen Produkten konzentriert. Ihr Anteil am Bruttosozialprodukt beträgt lediglich 25%. Daß die Tendenz insgesamt jedoch steigend ist, zeigt der Exportanteil, der von rund 11% im Jahr 1970 auf heute etwa 30% anwuchs.

Die Industrieansiedlungen konzentrieren sich ebenso wie die Handels- und Dienstleistungsunternehmen zunehmend auf die Nordinsel. Das führt zu einer starken demographischen und wirtschaftlichen Unausgeglichenheit. War um die Jahrhundertwende das Bevölkerungsverhältnis zwischen den beiden Hauptinseln noch in etwa ausgeglichen, so wohnten 1981 bereits 73% aller Einwohner auf der Nordinsel. Die hochtechnisierte, von Monokulturen geprägte Landwirtschaft hat andererseits – ungeachtet ihrer überragenden wirtschaftlichen Rolle – den Prozeß der Urbanisierung nicht aufhalten können: 77% aller Neuseeländer leben mittlerweile in Städten, 40% in einer der vier Großstädte.

Ein besonderes Verhältnis pflegt Neuseeland zum 2000 Kilometer entfernten Australien, das in der Anfangsphase der Kolonialisierung für seine Verwaltung zuständig war.

Die «Kiwis», wie sich die Neuseeländer selbst nennen, betrachten Australien als eine Art großen Bruder mit amerikanischen Manieren, laut und burschikos. Die «Aussis» sehen Neuseeland wiederum als zu konservativ und zu rückständig an. Beide Länder, europäisch und doch so fern von Europa, sind aufeinander angewiesen und haben doch ein paradoxes Verhältnis zueinander. In Australien, dem Land, das einen ganzen Kontinent bildet, reich an Bodenschätzen und mit einer hochentwickelten Industrie versehen, haben Tausende von Neuseeländern Arbeit und Zukunft gefunden. Während ihr Heimatland Rohstoffe zur Weiterverarbeitung aus Australien bezieht, investieren umgekehrt australische Firmen in Neuseeland und nehmen damit Einfluß auf die wirtschaftliche Entwicklung.

Ein Produkt der geographischen und kulturellen Nähe ist die sogenannte «Tasmanische Partnerschaft», eine Zusammenarbeit auf militärischem, technologischem, wirtschaftlichem und kulturellem Gebiet. Beide Länder haben gemeinsame politische Engagements, wie den ANZUS-Pakt oder die Antarktisforschung.

Aber nur langsam kommt der freie Handel zwischen beiden Ländern in Gang. Das 1966 abgeschlossene «New Zealand – Australian Free Trade Agreement» (oder kürzer: «NAFTA») war ein Anfang, auch wenn der freie Handel zunächst nur bestimmte Produkte betraf. Handelspolitisch sind beide Länder Konkurrenten auf dem Weltmarkt, die sich mit einer gewissen Eifersucht belauern. Australien verhinderte lange die (meist billigeren und besseren) neuseeländischen Importe an Molkereiprodukten, Wolle und Fleisch; Neuseeland belegte seinerseits australische Einfuhren mit nicht geringen Zöllen. Mit dem neuen Abkommen «Closer Economic Relations» (CER) sollen langsam die Handelsbeziehungen zwischen beiden Ländern ausgebaut werden, bis zum Jahr 1995 sollen Zölle und Einfuhrbeschränkungen zwischen Neuseeland und Australien sogar ganz verschwinden.

Auf dem Gebiet der Entwicklungshilfe für die Dritte Welt gehört Neuseeland dem Colombo-Plan an; den asiatischen Ländern soll mit diesem Plan technische Hilfe geleistet werden. Unterstützung brauchen aber auch vor allem die Nationen der pazifischen Inseln, Neuseelands unmittelbare Nachbarn. Es ist Mitglied des Südpazifik-Forums, das ständige Konsultationen mit den Regierungen der Länder Australien, Fidschi, Tonga, Westsamoa, der Cook-Inseln und Nauru vorsieht, sowie Mitglied der Südpazifik-Konferenz, der Vertreter aller Nationen dieses Raums angehören.

Auf militärischem Gebiet ist Neuseeland seit 1951 zusammen mit den USA und Australien Mitglied einer pazifischen Verteidigungsgemeinschaft, dem ANZUS-Pakt. Außerdem ist es mit Großbritannien, Malaysia und Singapur durch einen Schutzvertrag verbunden.

Beide, Neuseeland und Australien, waren im Zweiten Weltkrieg angesichts einer drohenden japanischen Invasion auf die Hilfe Amerikas angewiesen. Die grundsätzlichen Prämissen dieser Waffengemeinschaft, die über den Korea- und Vietnamkrieg hinaus gültig blieben, wurden erst infragegestellt, als Premierminister David Lange und seine Labour-Regierung Neuseeland 1985 zur atomwaffenfreien Zone erklärte und seine Häfen allen nuklear betriebenen oder bestückten Kriegsschiffen versperrte.

Dieser Schritt, von dem allein die USA betroffen waren, veranschaulicht die Angst vor der wachsenden atomaren Bedrohung im Pazifischen Ozean. Er wurde nicht zuletzt durch die unnachgiebige Haltung Frankreichs ausgelöst, gegen dessen Atomwaffenversuche Neuseeland seit Jahrzehnten vergebens protestierte.

Das Ziel David Langes war es zwar, das Territorium des neuseeländischen Archipels von nuklearen Waffen freizuhalten, er hatte aber nicht die Absicht, den ANZUS-Pakt aufzukündigen. Neuseeland erfüllt daher weiterhin seine Pflichten im gemeinsamen Bündnis und bleibt für die USA neben Australien von wichtiger strategischer Bedeutung. Die Abhängigkeiten sind ohnehin vielschichtig: Amerika ist als potenter Abnehmer von Agrarprodukten ein unentbehrlicher Handelspartner.

Zur Geschichte und Kultur Neuseelands

Die ersten Europäer

Entdeckung und verhinderte Landung

Am 19. Dezember [1642] kam am frühen Morgen ein Boot mit Eingeborenen auf Steinwurfslänge an unser Schiff heran. Sie riefen uns etwas zu, was wir nicht verstanden, da diese Sprache keine Ähnlichkeit hatte mit dem Vokabular, das uns der ehrenwerte Generalgouverneur und Kanzler der [Niederländischen] Ostindiengesellschaft mitgegeben hatte. Was allerdings kein Wunder ist, da dies nur die Sprache der Salomoninseln betrifft.

Soweit wir sehen konnten, waren diese Leute von durchschnittlicher Größe, hatten rauhe Stimmen und derbe Körperformen, ihre Farbe war zwischen Braun und Gelb. Sie hatten schwarze Haare, die auf dem Kopf zusammengebunden waren. Auf dem Haarknoten trugen sie eine weiße, dicke Feder. Ihr Boot bestand aus zwei aneinandergefügten Praus, über die einzelne Planken gelegt waren. Ihre Paddel waren etwa einen Faden lang, schmal und zugespitzt. Sie konnten mit diesen Booten sehr gut umgehen. Ihre Kleidung bestand anscheinend aus Matten, fast alle hatten nackte Oberkörper. Wir machten ihnen mehrmals Zeichen, an Bord zu kommen, indem wir ihnen weißes Leinen und Messer zeigten, die man uns für diesen Zweck mitgegeben hatte.

Inzwischen kamen die Offiziere der «Zeehaen», mit denen wir beschlossen, so nahe wie möglich an Land zu fahren, da dort guter Ankergrund war und diese Leute – so schien es – Freundschaft suchten.

Kurz nachdem wir diesen Entschluß gefaßt hatten, sahen wir sieben Boote von Land kommen, von denen eines, das vorne hochgebaut und niedriger hinten war, mit siebzehn Köpfen um die «Zeehaen» paddelte. Ein zweites, mit dreizehn gutgebauten Männern, kam uns nahe bis auf einen Steinwurf.

Wir zeigten ihnen wieder weißes Leinen, aber sie blieben, wo sie waren. Die Seeoffiziere der «Zeehaen» schickten ihren Steuermannsmaat in einem Boot mit sechs Ruderern zum Schiff zurück, um die Mannschaft zu warnen. Sie sollte, falls die Eingeborenen an Bord kommen wollten, nicht zu viele Fremde auf das Schiff lassen und besonders wachsam bleiben.

Als das Boot der «Zeehaen» unterwegs war, riefen die in ihrem Kanu uns am nächsten befindlichen Eingeborenen denen, die hinter der «Zeehaen» waren, etwas zu und wedelten mit den Paddeln. Wir konnten nicht ausmachen, was sie meinten.

Gerade als das Boot der «Zeehaen» sich losmachte, begannen die, die vor uns zwischen den beiden Schiffen lagen, so schnell zu paddeln, daß sie es auf halbem Weg seitwärts rammten und fast zum Kentern brachten. Dann stach der Vorderste in dem Boot den Steuermannsmaat Cornelius Joppen mehrmals in den Hals, so daß er über Bord fiel. Dann griffen die anderen mit kurzen, dicken Holzkeulen und ihren Paddeln an und überwältigten die Bootsinsassen. In diesem Scharmützel mußten drei Mann der «Zeehaen» ihr Leben lassen, ein vierter wurde tödlich verwundet. Der Steuermannsmaat und zwei seiner Seeleute schwammen unserem Schiff entgegen. Wir schickten ihnen eine Schaluppe entgegen und retteten sie.

Nach diesem schrecklichen Ereignis ließen die Mörder unser Boot driften, nachdem sie einen der Toten in ihr Kanu geholt hatten und einen anderen ins Wasser geworfen

Nasenreiben, die traditionelle Begrüßung der Maori. Photographie um 1910.

hatten. Wir und die Leute auf der «Zeehaen», die das beobachtet hatten, feuerten mit unseren Musketen, ohne jemanden zu treffen. Sie zogen sich zurück, paddelten zur Küste und aus der Reichweite unserer Gewehre. Der Seemann Tercxen Holman ruderte unsere Schaluppe – wohl bemannt und bewaffnet – zum Boot der «Zeehaen», das diese verfluchten Wilden glücklicherweise hatten driften lassen, und brachten es zurück. Sie fanden darin einen Toten und einen sterbenden Seemann. Wir hievten die Anker und setzten die Segel, da wir der Ansicht waren, daß keine Freundschaft mit diesen Leuten herzustellen noch Wasser oder Frischnahrung hier zu holen sei.
ABEL TASMAN, 1642

Sonnabend 7. Oktober [1769]. Bei Tageslicht segelten wir auf das Land zu, um fünf Uhr nachmittags erblickten wir die Einfahrt zu einer Bucht, die sich recht weit landeinwärts zu erstrecken schien.

Aus Captain Cooks Logbuch

    Sonntag 8. Oktober. Bei Tagesanbruch fanden wir uns leewärts der Bucht, der Wind stand im N. – In der Bucht sahen wir mehrere Kanus, Menschen an der Küste und einige Häuser im Lande. Das Land an der Meeresküste ist hoch mit steilen Felsen, und landeinwärts liegen hohe Gebirge.

    Sonntag 8. Oktober 1769. Nachmittags fuhren wir in die Bucht ein und ankerten an der Nordostseite vor der Mündung eines kleinen Flusses. Dann ging ich mit einer Abteilung in der Pinasse und der Jolle an Land. Alsbald machten sich die Wilden aus dem Staube. Indessen gingen wir bis zu ihren Hütten, die etwa 2–300 Ellen vom Strande lagen, und ließen vier Leute zurück, um die Jolle zu bewachen. Kaum hatten wir sie verlassen, als vier Männer aus dem Gehölz auf dem andern Ufer des Flusses traten, die ihr sicherlich die Fahrt stromabwärts abgeschnitten hätten, wenn nicht die Besatzung der Pinasse sie entdeckt und ihr zugerufen hätte, hinabzufahren, was sie auch, von den Wilden dicht gefolgt, tat. Der Bootsführer der Pinasse, der die Aufsicht über beide Boote führte, ließ, als er dies sah, zwei Flinten über ihre Köpfe abschießen. Bei dem ersten Schuß stockten sie und sahen sich um, aber von dem zweiten nahmen sie nicht mehr Notiz. Darauf wurde ein dritter abgefeuert und dieser traf einen von ihnen, der gerade im Begriff war, seinen Speer nach dem Boot zu schleudern. Da standen die drei andern ein oder zwei Minuten lang regungslos, doch als sie zu sich gekommen waren, eilten sie davon. Als wir die Schüsse hörten, kehrten wir augenblicklich zu den Booten zurück und gingen an Bord, nachdem wir den Toten in Augenschein genommen hatten.

    Montag 9. Oktober. Am Morgen sah man einige Eingeborenen an demselben Platz wie gestern abend. Ich ging mit bemannten und bewaffneten Booten auf der entgegensetzten Seite des Flusses an Land. Herr Banks, Dr. Solander und ich landeten anfangs allein. Wir riefen sie in der Sprache der Georgs-Insel an, aber sie antworteten, indem sie ihre Waffen über dem Kopf schwangen und, wie wir annahmen, den Kriegstanz tanzten. Darauf zogen wir uns zurück, bis die Seesoldaten gelandet waren, die ich etwa 200 Ellen hinter uns aufziehen ließ. Wir gingen wieder an den Fluß und nahmen Tupia, Herrn Green und Dr. Monkhouse mit. Tupia sprach sie in seiner eigenen Sprache an, und wir waren angenehm überrascht zu bemerken, daß sie ihn vollkommen verstanden. Nach kurzer Unterhaltung schwamm einer von ihnen zu uns herüber und nach ihm noch zwanzig bis dreißig. Wir machten jedem Geschenke, aber damit waren sie nicht zufrieden, sondern wollten alles, was wir bei uns hatten, besonders unsere Waffen. Tupia warnte uns mehrmals, sobald sie herüberkamen, auf der Hut zu sein, denn ihre Gesinnung sei uns nicht freundlich. Und das merkten wir sehr bald, denn einer entriß Herrn Green seinen Hirschfänger und wollte ihn nicht herausgeben. Das ermutigte die übrigen zu größerer Frechheit, und da ich sah, daß noch mehr ihnen zu Hilfe herüberkamen, ließ ich auf den, der den Hirschfänger genommen hatte, feuern, was auch sofort geschah und ihn so verwundete, daß er bald darauf starb. Die andern zogen sich zu einem fast mitten im Fluß gelegenen Felsen zurück. Ich sah, daß hier mit diesem Volk nichts anzufangen war, und da auch das Wasser im Fluß salzig war, schiffte ich mich ein, um auf der andern Seite des Vorsprungs nach frischem Wasser zu suchen und, wenn möglich, einige Eingeborene zu überraschen, an Bord zu nehmen und durch freundliche Behandlung und Geschenke ihre Freundschaft zu erwerben.

    Ich ruderte um die Spitze der Bucht, konnte aber wegen der starken Brandung allenthalben an der Küste keinen Landungsplatz finden. Als ich zwei Boote von der See hereinkommen sah, ruderte ich dem einen entgegen, um die Leute abzufangen, und kam so nahe heran, ehe sie auf uns achteten, daß Tupia ihnen zurufen konnte, sie sollten sich neben uns legen, wir würden ihnen nichts tun. Statt dessen bemühten sie sich aber zu entkommen, woraufhin ich ihnen eine Flinte über den Kopf weg abschießen ließ in der Voraussicht, das würde sie veranlassen, sich entweder zu ergeben oder über Bord zu springen. Aber darin täuschte ich mich, denn unverzüglich griffen sie zu den Waffen und was sie sonst im Boot hatten und fingen an, uns anzugreifen. Nun sah ich mich genötigt, Feuer geben zu lassen, und unglücklicherweise wurden zwei oder drei getötet, einer verwundet, und drei sprangen über Bord. Diese nahmen wir auf und brachten sie an Bord, wo sie gekleidet und mit aller erdenklichen Freundlichkeit behandelt wurden. Zum Erstaunen aller wurden sie auf einmal so fröhlich und glücklich, als wären sie bei ihren eigenen Freunden. Ich bin gewärtig, daß die meisten menschlich Denkenden, die derartige Erfahrungen noch nicht gemacht haben, mein Verhalten verurteilen werden, auch bin ich selbst der Meinung, daß mein Grund, das Boot abzufangen, mich nicht ganz rechtfertigt, und hätte ich denken können, daß sie den geringsten Widerstand leisten würden, wäre ich gar nicht an sie herangegangen.   JAMES COOK, 1769

Geschnitzter Maori-Götterpfahl in Whakarewarewa bei Rotorua. Der Glaube an ein spirituell-animistisches Universum drückte sich nicht nur in der Verehrung lebender Kreaturen aus, sondern auch in der Anbetung solcher Standbilder.

Nächste Doppelseite: Detail der Backbordseite eines Maori-Kriegsschiffes im Museum von Waitangi, das Schnitzereien der Maori-Stämme der Nordinsel zeigt.

Kunstvolle Holzschnitzerei an Maori-Häusern in Whakarewarewa. Als Schnitzwerkzeuge dienten früher Steinäxte und Meißel aus Jade und Basalt.

Der Manaia («Vogelmensch»), hier an einem Giebel in Whakarewarewa, ist eines der Hauptmotive der Maori-Schnitzkunst.

Bug des Maori-Kriegsschiffes in Waitangi. In den Kopf sind die für das Moko (Tätowieren) typischen Kurven- und Spiralmotive eingeschnitzt.

Nächste Doppelseite: Shantytown, eine rekonstruierte Goldgräberstadt in der Nähe von Greymouth an der Westküste der Südinsel.

Mit einer extrem langen Hochseeangelrute wurden Stachelmakrele und Meerbrasse (rechts) am Bluff, einem Felsen in der Mitte des Ninety Mile Beach, an Land gezogen.

Die Eingeborenen

Der Kapitän, Herr Wales und mein Vater ließen sich am Nachmittag nach Motu-Aro übersetzen, um die Pflanzgärten zu besichtigen und Kräuter zu sammeln, während einige Leutnants nach Indian-Cove gingen, um dort Handel zu treiben. Das erste, was ihnen dort in die Augen fiel, waren die Eingeweide eines Menschen, die nahe am Wasser auf einen Haufen geschüttet lagen. Kaum hatten sie sich von der ersten Bestürzung über diesen Anblick erholt, als ihnen die Eingeborenen verschiedene Stücke vom Körper selbst vorzeigten und mit Worten und Gebärden zu verstehen gaben, daß sie das übrige gefressen hätten. Unter den vorhandenen Gliedmaßen befand sich auch noch der Kopf, und nach diesem zu urteilen, mußte der Erschlagene ein Jüngling von fünfzehn oder sechzehn Jahren gewesen sein. Die untere Kinnlade fehlte, und über dem einen Auge war der Hirnschädel eingeschlagen. Unsere Leute fragten die Neuseeländer, woher sie diesen Körper bekommen hätten, worauf jene antworteten, daß sie dem Feinde ein Treffen geliefert und verschiedene von ihnen getötet, aber nur den Leichnam dieses Jünglings hätten mitnehmen können. Sie setzten hinzu, daß auch von ihrer Partei verschiedene umgekommen seien, wobei sie auf einige abseits sitzende Weiber zeigten, die laut wehklagten und sich die Stirn mit scharfen Steinen verwundeten. Was wir also bisher nur vermutet hatten, das fanden wir jetzt durch den Augenschein bestätigt, und es blieb uns kein Zweifel mehr, daß wir die Neuseeländer für wirkliche Menschenfresser zu halten hätten.

Menschenfleisch

Leutnant Pickersgill wünschte den Schädel zu kaufen und als Andenken mit nach England zu nehmen. Er bot einen Nagel dafür und erhielt ihn ohne das mindeste Bedenken für diesen Preis. Als er an Bord zurückkam, stellte er ihn oben auf das Decksgeländer. Während wir noch um ihn herumstanden, um ihn zu betrachten, kamen einige Neuseeländer vom Wasserplatz zu uns. Als sie den Kopf sahen, zeigten sie großes Verlangen nach ihm und gaben uns durch Zeichen zu verstehen, daß das Fleisch von vortrefflichem Geschmack sei. Den ganzen Kopf wollte Herr Pickersgill nicht hergeben, doch erbot er sich, ihnen ein Stück von der Backe abzugeben. Er schnitt es ab und reichte es ihnen, sie wollten es aber nicht roh essen. Man ließ es ein wenig über dem Feuer braten, und kaum war dies geschehen, so verschlangen sie es vor unseren Augen mit der größten Gier. Dieser Anblick brachte bei allen, die zugegen waren, sonderbare und recht verschiedene Wirkungen hervor.

Einige schienen, dem Ekel zum Trotz, der uns gegen Menschenfleisch beigebracht worden ist, fast Lust zu haben, mit anzubeißen. Andere hingegen waren auf die Menschenfresser unvernünftigerweise so erbittert, daß sie die Neuseeländer alle totzuschießen wünschten, als ob sie das Recht hätten, über das Leben eines Volkes zu gebieten, dessen Handlungen nicht einmal vor ihren Richterstuhl gehörten. Einigen war der Anblick wie ein Brechpulver. Die übrigen begnügten sich damit, diese Barbarei eine Entehrung der menschlichen Natur zu nennen und zu beklagen, daß das edelste der Geschöpfe dem Tier so ähnlich werden könne. Allein Maheine, der junge Mensch von den Gesellschaftsinseln, zeigte bei diesem Vorfall mehr wahre Menschlichkeit als alle anderen. Geboren und erzogen in einem Land, dessen Einwohner sich bereits der Barbarei entrissen haben, erregte diese Szene den heftigsten Abscheu in ihm. Er wandte die Augen von dem gräßlichen Schauspiel und floh nach der Kajüte. Wir fanden ihn dort in Tränen, und auf unser Befragen erfuhren wir, daß er über die unglücklichen Eltern des Schlachtopfers weine. Er war so schmerzlich gerührt, daß einige Stunden vergingen, ehe er sich wieder beruhigen konnte.

Georg Forster, 1772

Dies Land, das bis jetzt als ein Teil des angeblichen Südkontinents galt, besteht aus 2 großen Inseln; die nördliche heißt bei den Eingeborenen Aeheinomouwe, die südliche Tory Poenammu. Letztere sollte nach ihren Angaben aus zwei Inseln bestehen, deren eine wenigstens wir in wenigen Tage sollten umsegeln können. Ich möchte glauben, daß sie von ihrem Lande nicht mehr kennen, als was in ihren Gesichtskreis kam.

Die Inseln und ihre Einwohner

Links: Maori-Mutter mit Kind auf dem Rücken. Rechts: Tätowierte Häuptlingsfrau mit Nepritkeule. Photographien um 1930.

Wäre das Land von einem arbeitsamen Volke besiedelt, es würde bald nicht nur mit den Bedürfnissen des Lebens, sondern auch mit Überfluß versehen sein. See- und Wasservögel aller Art sind allerdings nicht sehr zahlreich, auch Landvögel nicht. Das Land entbehrt ferner aller wilden und gezähmten größeren Tiere außer Hunden und Ratten. Erstere sind zahm und lebten bei den Menschen, die sie zu keinem andern Zweck füttern und aufziehen, als um sie zu verzehren, und Ratten sind so selten, daß nicht allein ich, sondern viele andere im Schiff niemals eine zu sehen bekamen. Die Eingeborenen müssen zuweilen Wale fangen, weil viele ihrer Patta Pattoas [Keulen] aus deren Knochen verfertigt sind und ein an der Brust getragener (sehr geschätzter) Schmuck vermutlich aus dem Zahn eines Wales hergestellt ist. Dennoch sahen wir keine Methode oder Mittel, diese Tiere zu erlegen.

Die Eingeborenen sind ein kräftiges, starkknochiges, schön gebautes, lebhaftes Volk, eher über als unter der gewöhnlichen Größe, besonders die Männer; sie sind dunkelbraun, haben schwarzes Haar, spärliche schwarze Bärte und weiße Zähne. Sie scheinen sich einer guten Gesundheit zu erfreuen, und viele erleben ein hohes Alter. Die Figuren, die sie beim Tätowieren meist verwenden, sind mit großem Geschmack und Urteilskraft gezeichnete und miteinander verbundene Spiralen. In ihrer Ausführung sind sie so genau, daß zwischen beiden Gesichtshälften kein Unterschied zu finden ist, wenn das Ganze gezeichnet ist. Denn einige haben nur eine Seite und nur wenige beide Seiten bemalt; eigentlich sind nur alte Leute ganz tätowiert. Die Weiber legen die schwarze Farbe unter ihre Lippenhaut, und beide Geschlechter bemalen zeitweilig Gesicht und Körper mehr oder weniger mit rotem, mit Fischöl untermischtem Ocker.

Das Volk zeigte große Erfindungsgabe und Geschicklichkeit im Bau und in der Anlage ihrer Boote oder Kanus. Einige kleine sahen wir mit Auslegern, doch das ist nicht das Gewöhnliche. In den Kriegskähnen haben sie meist eine Anzahl Vogelfedern an Schnüren aufgehängt und vorn und hinten als verzierende Zugabe angebunden. Das

Links: Alter Häuptling mit Federbekleidung. Rechts: Häuptling Paora Tuhaeri mit kunstvollen, tiefeingekerbten Tätowierungen. Photographien um 1930.

Vorderende ihres Kanus wechselt so stark wie bei unsern Schiffen, doch am gewöhnlichsten ist eine häßliche, einen Menschen nachahmende Gestalt mit so scheußlichem Gesicht, wie man sich nur vorstellen kann, mit lang aus dem Mund vorgestreckter Zunge und großen weißen Augen von den Schalen der Seeohren.

Die Häuser sind mehr für kaltes als für warmes Wetter berechnet, niedrig gebaut und haben die Gestalt eines Rechteckes. Gleich hinter der Tür befindet sich der Feuerplatz und an einer Seite über der Tür eine kleine Öffnung, um den Rauch abziehen zu lassen. Im Sommer leben viele von ihnen hier und dort in kleinen gelegentlichen Hütten zerstreut, die nicht genügen, um ihnen Schutz vor der Witterung zu gewähren.

Die Werkzeuge, die sie zum Bau der Kanus, Häuser usw. verwenden, sind Beile oder Äxte – teils aus einem harten schwarzen Stein, teils aus einem grünen Talkschiefer. Sie haben auch Meißel daraus, doch sind diese meist aus Menschenknochen. Für kleinere Arbeiten und Schnitzereien benützen sie, glaube ich, gewöhnlich Stücke von Jaspis, indem sie kleine Stücke von einem großen Klumpen abspalten, den sie zu diesem Zwecke halten. Sobald das kleine Stück abgenutzt ist, werfen sie es fort und nehmen ein andres.
JAMES COOK, 1769

Umsturz sittlicher Grundsätze

Am folgenden Morgen hatten wir verschiedene Kanus um uns her, in denen zusammen etwa dreißig Eingeborene sein mochten. Es befanden sich auch einige Weiber unter ihnen, die sich die Backen mit Rotstein und Öl geschminkt hatten, die Lippen dagegen sahen vom Punktieren oder Tätowieren, welches hierzulande sehr in Mode ist, schwärzlich blau aus. Sie waren von ziemlich heller Farbe, die zwischen oliven- bis mahagonyfarbig liegt, dazu hatten sie pechschwarzes Haar, runde Gesichter und dicke, platte Nasen. Auch hatten sie schwarze Augen, lebhaft und nicht ohne Ausdruck.

Unsere Matrosen hatten seit der Abreise vom Kap keinen Umgang mit Frauen gehabt, sie waren also recht eifrig hinter ihnen her, und aus der Art, wie ihre Anträge aufge-

Nur mit einem Schurz aus Flachs bekleidet tanzen Maori-Männer den Haka (Kriegstanz). Photographie um 1920.

Ein Maori-Holzschnitzer bei der Arbeit, im Hintergrund der Häuptling. Photographie um 1920.

Maori-Männer kehren von der Schweinejagd zurück. Photographie um 1920.

Maori-Frauen Photographie um 1920.

Altes Maori-Schnitzwerk in Whakarewarewa. Photographie um 1930.

nommen wurden, sah man wohl, daß es hierzulande mit der Keuschheit nicht so genau genommen wurde und daß die Eroberungen nicht gerade schwer sein mußten. Doch hingen die Gunstbezeigungen dieser Schönen nicht nur von ihrer Neigung ab, sondern die Männer mußten als unumschränkte Herren zuerst darum befragt werden. War deren Einwilligung durch einen großen Nagel, ein Hemd oder dergleichen erkauft, so hatten die Frauen Freiheit und konnten alsdann zusehen, noch ein Geschenk für sich selbst zu erbitten. Ich muß indessen gestehen, daß einige von ihnen sich nicht anders als mit dem äußersten Widerwillen zu dem schändlichen Gewerbe gebrauchen ließen, und die Männer mußten oft ihre ganze Autorität aufbieten, ehe sie zu bewegen waren, sich den Begierden von Kerlen preiszugeben, die ohne Empfindung ihre Tränen sehen und ihr Wehklagen hören konnten. Ob unsere Leute, die zu einem gesitteten Volk gehören wollten und doch so viehisch sein konnten, oder jene Barbaren, die ihre eigenen Weibsleute zu solcher Schande zwangen, den größeren Abscheu verdienten, ist eine Frage, die ich nicht beantworten mag. Da die Neuseeländer fanden, daß sie nicht wohlfeiler und leichter zu eisernem Gerät kommen konnten als vermittels dieses niederträchtigen Gewerbes, so liefen sie bald im ganzen Schiff herum und boten ihre Schwestern und Töchter feil. Den verheirateten Weibern aber verstatten sie nie die Erlaubnis, sich mit unseren Matrosen abzugeben. Da sie sich solchergestalt aus der Enthaltsamkeit unverheirateter Frauen nichts machen, wird man vielleicht denken, daß die Bekanntschaft mit ausschweifenden Europäern die Moral dieses Volkes nicht verschlimmert haben könne, allein wir haben Grund zu vermuten, daß die Neuseeländer zu einem solchen schändlichen Mädchenhandel nur veranlaßt worden waren, als durch das Eisengerät neue Bedürfnisse unter ihnen geweckt wurden.

Es ist Unglücks genug, daß alle unsere Entdeckungen so vielen unschuldigen Menschen ihr Leben gekostet haben. So hart dies für die kleinen, ungesitteten Völkerschaften der Fall sein mag, die von Europäern aufgesucht worden sind, so ist es wahr-

Kunstvoll geschnitzte Fenster- und Türumrahmungen in Whakarewarewa. Photographie um 1930.

scheinlich doch nur eine Kleinigkeit im Vergleich mit dem unersetzlichen Schaden, den ihnen diese durch den Umsturz ihrer sittlichen Grundsätze zugefügt haben. Wäre dieses Übel gewissermaßen dadurch wiedergutgemacht, daß man sie wirklich nützliche Dinge gelehrt oder irgendeine unmoralische oder verderbliche Gewohnheit unter ihnen ausgerottet hätte, so könnten wir uns wenigstens mit dem Gedanken trösten, daß sie auf einer Seite wiedergewonnen hätten, was sie auf der anderen verloren haben mochten. So aber fürchte ich, daß unsere Bekanntschaft den Bewohnern der Südsee durchaus nachteilig gewesen ist, und ich bin der Meinung, daß gerade jene Völkerschaften am besten weggekommen sind, die sich immer von uns ferngehalten und unseren Seeleuten nie erlaubt haben, allzu vertraut mit ihnen zu werden. Hätten sie doch in den Mienen und Gesichtszügen der Seeleute den Leichtsinn lesen und sich vor der Liederlichkeit fürchten mögen, die ihnen mit Recht zur Last gelegt wird. GEORG FORSTER, 1772

Neuseeländische Impressionen

Die Entdeckung der goldenen Reichtümer in Australien wirkte auf das benachbarte Neuseeland, das kaum erst die schwierigen Anfänge seiner ersten Kolonisation überwunden hatte, sehr fühlbar zurück, indem diesem eine große Anzahl von Arbeitskräften entzogen wurde, die alle dem neuen Goldlande zuströmten. Aber auch Hoffnungen wurden rege. Man fing an, auch auf Neuseeland nach Gold zu suchen, und schon im Oktober 1852 trat in Auckland ein Komitee («Reward Committee») zusammen, das dem Entdecker eines wertvollen Goldfeldes in den nördlichen Distrikten der Nordinsel eine Belohnung von 500 Pfund Sterling versprach.

Goldfieber

Ehe eine Woche verging, wurden bereits von Mr. Ch. Ring, einem Ansiedler, der kurz zuvor von Kalifornien eingewandert war, Ansprüche auf diese Belohnung geltend gemacht, da er auf der Cap Colville-Halbinsel, 40 Meilen östlich von Auckland, in der

Nähe des Coromandel-Hafens Gold entdeckt habe. Die Proben, welche Ring zeigte, waren Stücke von goldführendem Quarz und kleine äußerst feine Goldblättchen, welche er am Kapanga-Bach, der sich in jenen Hafen ergießt, gefunden hatte. Die von dem Komitee zu näherer Untersuchung abgeschickte Kommission bestätigte das Vorkommen von Gold, ließ es aber zweifelhaft, ob ein Goldfeld existiere, ausgedehnt und reich genug, um die Bearbeitung zu lohnen.

Trotz mancher wiederholter Versuche und Anregungen in späteren Jahren, und obgleich die Eingeborenen immer von Zeit zu Zeit kleine Quantitäten von Gold nach Auckland zum Verkaufe brachten, wurde auf dem «Coromandel-Goldfeld» doch nie mehr etwas Ernstliches unternommen, ja die Eingeborenen verweigerten zuletzt den Europäern das Recht, auch nur Versuche zu machen.

Erst 1861 brach das Goldfieber aus. Tausende von Menschen, welche trotz Wetter und Sturm mitten im Winter auf den schwierigsten und schlechtesten Wegen dem etwa 80 englische Meilen westlich von Dunedin gelegenen Eldorado am Tuapeka-Fluß zuströmten, stellten durch die Erträgnisse ihrer Arbeit in wenigen Monaten die Tatsache fest, daß Neuseeland mit zu den reichsten Goldländern der Erde gehöre. Wer dem Wetter Stand halten kann, hieß es, kann täglich ein bis zwei Unzen Gold gewinnen. Solcher Gewinn lockte an, und wenn auch nicht alle ihre Hoffnungen erfüllt sahen, so waren doch schon Ende Juli in Gabriels-Gully am oberen Tuapeka gegen 2000 Goldgräber versammelt, die den Boden in allen Richtungen aufwühlten. Eine Zeltstadt von nicht weniger als 600 Zelten war wie mit einem Schlage in einer sonst menschenleeren Gegend entstanden. Die Aufregung in der Provinz Otago teilte sich rasch auch den übrigen Provinzen mit, und von Canterbury und Nelson, von Wellington, Hawkes-Bai und selbst von Auckland strömten Hunderte und Tausende nach dem goldverheißenden Süden. Die «Neuigkeiten vom Waikato» und vom «Maori-Krieg», welche bis dahin stehender Artikel aller Neuseeland-Zeitungen gewesen, wurden verdrängt durch «Neuigkeiten von Dunedin» und «Letzte Nachrichten von den Otago-Goldfeldern», und «die Ammen singen die Kinder in Schlaf mit: Gold, Gold, Gold! – schönes feines Gold!
  Wangapeka, Tuapeka, – Gold, Gold, Gold!»
schrieb ein humoristischer Berichterstatter.

Trotz des ungeheuren Zuströmens von Menschen nach den Goldfeldern lauteten die Nachrichten stets günstig. Überall fand man Gold, in den Tälern und an den Bergseiten, so daß am 1. August das ganze Territorium von 51 000 Acres Oberfläche, das nördlich, östlich und westlich von den Gebirgsketten, die um das Tuapeka-Becken liegen, begrenzt wird, von der Regierung für ein Goldfeld erklärt wurde, auf welches die Gesetze des «Goldfeld-Aktes» anzuwenden seien. Es wurden Bergrechte und Betriebsscheine ausgegeben, Goldkommissäre bestellt und Eskorten eingerichtet, die unter bewaffnetem Schutz alle 14 Tage die Goldausbeute nach Dunedin brachten. Ende August und Anfangs September zählten die Goldfelder bereits gegen 4000 Goldgräber, die mit Weibern und Kindern eine Bevölkerung von 12 000 bis 16 000 Seelen präsentierten. Schon Mitte August rechnete man das wöchentliche Erzeugnis auf 10 000 Unzen. Der Waschstoff wurde aus oberflächlichen Geröll- und Grusablagerungen in vier bis fünf Fuß tiefen Gruben gewonnen, und das Gold war zum größten Teil dickes Blattgold, größere Goldklumpen dagegen selten. Der Erfolg, den einzelne Goldgräber und Partien von vier bis sechs Mann hatten, übertraf selbst die kühnsten Erwartungen.

Kein Wunder, daß die goldene Kunde vom Tuapeka widerhallte auch jenseits des Wassers. Die Viktoria-Digger auf den von Jahr zu Jahr mehr ausgesuchten Goldfeldern Australiens antworteten dem Rufe, und zwei Monate, nachdem die ersten Nachrichten, die sich mit unglaublicher Geschwindigkeit verbreitet hatten, angekommen, war der «rush» nach Otago auch in Australien in vollem Gange. Die Digger drängten sich in den Straßen und an den Quais von Melbourne, Matrosen desertierten von ihren Schiffen und die Spekulation in jeder Richtung sah in Neuseeland ein neues offenes Feld. Viktoria-Blätter von der Mitte Septembers 1861 kündigten nicht weniger als 23 Schiffe an, alle nach

Vor dem Eingang der Old Dip Mine in der Nähe von Westport. Die Kohlenvorkommen dieser Region wurden 1860 von Julius von Haast erforscht. Photographie um 1910.

Bergleute mit ihren Hunden vor dem Stolleneingang einer kleineren Kohlenmine. Photographie um 1910.

In Roxburgh, Zentral-Otago, überwachen Polizisten den Transport des in den Claims gefundenen Goldes zur Küste. Photographie um 1880.

Neuseelands Premierminister Richard John Seddon beim Wahlkampf in Dalefield in der Wairarapa-Region, kurz bevor er starb. Rechts hinter ihm sein Nachfolger Joseph Ward, der Führer der Liberalen Partei. Der Herr mit dem ins Gesicht gezogenen Hut ist Kabinettsminister Turi Caroll, ein Maori. Photographie 1906.

Lunch Time. Fuhrmann William Brooks bei der Rast in der Nähe von Nelson. Photographie 1917.

Österreichische Kauriharzsucher in Northland. Photographie 1914.

Arbeiter beim Bau der ersten Bahnlinie durch den Urwald der Nordinsel. Photographie um 1870.

Industrielle Goldförderung in Zentral-Otago. Neuseeland war bis zur Jahrhundertwende weltweit führend in der Herstellung von Schwimmbaggern. Photographie um 1930.

Otago bestimmt, darunter die besten Australien-Dampfer, die schönsten Liverpool-und London-Klipper. Man berechnete, daß diese Flotte gegen 12000 Menschen mitbringen werde, eine Anzahl, welche die frühere Bevölkerung der Provinz Otago geradezu verdoppelte. Nicht bloß Goldgräber schifften sich ein, sondern auch unternehmende Leute aller Art, die ihren Gewinn an Gold indirekt zu erbeuten hofften, waren mit von der Partie. In Dunedin schätzte man Ende September die Zahl der von Melbourne täglich Ankommenden auf 1000 Seelen. Das bunte Leben und Treiben, der Tumult und die Konfusion, welche dieser plötzliche Andrang von Menschen mit sich brachte, war an den sonst so ruhigen Gestaden Neuseelands etwas ganz Unerhörtes. Während aber Tausende mit goldenen Hoffnungen kamen, fehlte es auch nicht an solchen, die enttäuscht das Land wieder verließen und, nachdem sie das Wenige, was sie besessen, dem Goldfieber geopfert, froh waren, die Überfahrt in ihre frühere Heimat durch Dienste an Bord eines Schiffes abarbeiten zu können.

Die Ankunft erfahrener, in ihrem Handwerk geübter Goldgräber war übrigens von großer Bedeutung für die Ausbeute der entdeckten Goldfelder. Die australischen Digger hatten bald gefunden, daß bisher bloß eine oberflächliche Ablagerung ausgebeutet worden war und daß man noch nicht bis auf den «Boden», das heißt bis auf das Schiefergrundgebirge, durchgedrungen war, wo nach den Erfahrungen in Viktoria der reichste Schatz zu erwarten stand. Sie begannen Tiefbaue (sogenannte «deep sinkings») und kamen, nachdem sie ungefähr 130 Fuß tief durch – wahrscheinlich tertiäre – Ablagerungen von Ton und Mergel gearbeitet, auf eine zweite Goldablagerung, die über Erwarten reich sich zeigte. So wurde Gabriels-Gully zum zweitenmale in einem tieferen Horizont durchgearbeitet, und das Resultat war glänzender als zuvor.

Mit der Ausdehnung der Goldfelder und mit der stets wachsenden Anzahl der Goldgräber, die Ende 1861 bereits auf 12000 bis 15000 geschätzt wurde, nahm auch die Goldausbeute beträchtlich zu, so daß im Dezember 1861 wöchentliche Eskorten eingeführt wurden, welche abgesehen von ansehnlichen Quantitäten von Gold, die in Privathänden blieben, 10000 bis 12000 Unzen jedesmal nach Dunedin brachten. Bis Mitte Januar 1862 betrug die Gesamtausbeute an Gold auf den Otago-Goldfeldern bereits gegen 25000 Unzen oder in runder Summe gegen eine Million Pfund Sterling an Wert.
FERDINAND VON HOCHSTETTER, 1863

Frühe Warnung

Mit Recht nennt man die Kauri-Fichte die Königin des Neuseeland-Waldes. Was die Edeltanne für die Wälder unserer deutschen Mittelgebirge ist und was in jenen mächtigen Waldungen Vorderasiens, die einst das Zimmerholz zu den phönizischen Schiffen und das Bauholz zum salomonischen Tempel lieferten, die berühmte Zeder des Libanon war oder was heutzutage in den Urwäldern Kaliforniens der Riese unter den Baumriesen, der Mammutbaum (Sequoia Wellingtonia) ist, das ist für den Urwald der nördlichen wärmeren Gegenden Neuseelands die Kauri-Fichte (Dammara australis, Yellow Pine der Kolonisten).

Schon seit den Anfängen der Kolonisation Neuseelands sind die Kauri-Wälder der Nordinsel eine Quelle des Reichtums für die Ansiedler. Sie liefern die besten Schiffspieren und Masten, ein vortreffliches Bau- und Zimmerholz, und das Harz der Kauri-Fichte ist ein sehr gesuchter Handelsartikel. Selbst bis in die neueste Zeit gehören Kauri-Holz und Kauri-Harz unter den einheimischen Produkten Neuseelands zu den wichtigsten Ausfuhrartikeln.

Drei Längengrade und drei Breitengrade umschließen den ganzen und den einzigen Verbreitungsbezirk dieses merkwürdigen Baumes, und selbst innerhalb dieser engen Grenzen war die Kauri-Fichte schon von jeher keineswegs ein gemeiner Baum, ganz abgesehen davon, daß große Distrikte in diesem Gebiet, welche früher mit Kauri-Wald bedeckt waren, jetzt gänzlich davon entblößt sind und daß die Vernichtung dieses edlen Baumes von Jahr zu Jahr in einem solchen Maßstabe fortschreitet, daß sein Aussterben ebenso gewiß ist wie das Aussterben der eingeborenen Menschenrasse Neuseelands. Die

Dichter Regenwald im Paparoa Forest Reservat an der niederschlagsreichen Westküste der Südinsel.

europäische Kolonisation bedroht die Existenz beider in gleicher Weise, und mit dem letzten Maori wird auch die letzte Kauri von der Erde verschwunden sein.

Zwei Elemente scheinen die Hauptbedingungen für das Leben des Baumes zu sein, feuchte Seeluft und trockener Tonboden. Beide sind auf der schmalen nördlichen Halbinsel aufs beste gegeben. An der Ostküste dringt das Meer in tief eingeschnittenen Buchten weit in das Land ein, und ebenso sind an der Westküste die Aestuarien des Hokianga- und Kaipara-Flusses von viel verzweigten weit eingreifenden Meeresarmen gebildet. An den Ufern dieser Buchten und Aestuarien aber war es, wo die ersten Ansiedler die üppigsten Kauri-Wälder trafen. Nahe der Seeküste in der Seeluft, jedoch entfernt vom Bereich des Seewassers selbst und an Stellen, welche vor heftigem Winde geschützt sind, in Schluchten und an steilen Hügelseiten gedeiht der Baum am besten; und zwar auf einem mageren steifen Tonboden, auf dem, wenn die Kauri-Wälder verschwunden sind, nichts anderes wachsen will. Sei es, daß die Kauri-Wälder alle für das Wachstum anderer Pflanzen nötigen Stoffe dem Boden entziehen oder daß sie wirklich auf einem Boden wachsen, auf dem sonst nichts gedeiht, so viel ist Tatsache, daß jene Strecken in der Umgegend von Auckland, welche einst von den üppigsten Kauri-Wäldern bedeckt waren, wo man heutzutage Massen von Kauri-Harz aus der Erde gräbt, jetzt nichts anderes sind als öde sonnverbrannte Heiden von verrufener Unfruchtbarkeit, auf deren weißem oder gelblichem Tonboden nichts wächst als kümmerliches Manuka-Gebüsche (Leptospermum scoparium) und ärmliches Farnkraut (Pteris esculenta).

Diese Erfahrung sollte man sich zur Lehre dienen lassen und es nicht dulden, daß die Gewinnsucht Einzelner in den kostbaren Wäldern wütet und zum Schaden ganzer Generationen das Land zur Einöde macht. Um einzelner brauchbarer Stämme halber werden oft ganze Wälder niedergebrannt und verwüstet, und was ehemals im Kriege kannibalischer Völker geschehen, um den Feind auszubrennen, das geschieht jetzt um des Geldes willen oder, wie man zu sagen pflegt, um das Land urbar zu machen; der Wald wird

Tussock-Grassteppe in Zentral-Otago auf der Ostseite der Southern Alps.

verheert und verwüstet mit «Feuer und Schwert». Während meines Aufenthaltes in Auckland konnte ich durch vierzehn Tage von meinen Fenstern aus die dicken Rauchwolken sehen, welche von einem großen verheerenden Waldbrand in den der Stadt am nächsten gelegenen Wäldern aufstiegen. Als endlich der Brand aufhörte, lag eine große schöne Waldstrecke in Asche, die Zeitungen aber brachten nur die lakonische Notiz: «Es ist kein Schaden am Nutzholz (timberwood) geschehen». Das mag sein; allein es könnte eine Zeit kommen, wo man nicht bloß nach dem Holz fragt, sondern auch nach dem Wald! FERDINAND VON HOCHSTETTER, 1863

Neuseeländischer Sonderling

Ein Sonderling unter den Vögeln Neuseelands ist der Kiwi, von dem mir vier Arten bekannt sind. Ein Strauß von der Größe eines großen Haushuhns, von gedrungenem Körperbau, mit kräftigen, krallenbewehrten Füßen, einem langen, säbelartig gekrümmten Schnabel, an dessen Ende vorzüglich entwickelte Riechorgane sitzen, mit ganz verkümmerten, kaum sichtbaren Flügelrudimenten und bedeckt mit haarähnlichen braunen oder graubraunen Federn.

Als ich nach Neuseeland kam, wußte man die Geschlechter dieses seltenen Vogels noch nicht mit Gewißheit zu unterscheiden und hatte noch wenig Kenntnis von seiner Lebensweise. Meine langjährigen Beobachtungen dieser Tiere, an die ich viel Zeit und Geld gewendet habe, lassen eine lückenlose Beschreibung aller Arten zu. So fand ich, daß der Ruf des Weibchens ein ganz anderer ist als der des Männchens; dieser gleicht einem schrillen Pfiff, etwa wie «Kiwii», jener dagegen dem Quaken eines Frosches.

Als Einsiedler, ungesellig, streift der Kiwi fast das ganze Jahr durch die Wälder. Bei Tag schläft er in Höhlen, die meist unter Bäumen angelegt sind; nach Sonnenuntergang kommt er heraus, um Nahrung zu suchen. Bedächtig schreitet er im Dunkel auf ausgetretenen Pfaden, den Kopf zur Erde gebeugt, so daß sein Riechorgan knapp über die Erde hinstreift.

Bay of Islands. Hier begann Anfang des 19. Jahrhunderts die Besiedlung Neuseelands durch die Europäer.

Diese Pfade werden von den Kiwi mit großer Sorgfalt angelegt und täglich von Ästen, Steinen usw. gesäubert; sie sind etwa 26 Zentimeter breit. Die Wälder, in denen Kiwi hausen, sehen wie von Miniaturstraßensystemen geädert aus. Zur Regenzeit und zur Zeit der Reife der Mirobeeren (Podocarpus ferruginea) wandern die Kiwi weite Strecken.

Nur für die kurze Zeit der Paarung wird der Sonderling gesellig. In einer kalten, mondhellen Nacht beobachtete ich von einem gut gedeckten Platze aus den Zweikampf und das Liebesspiel dieser Nachtwandler.

Nach dreistündigem Warten hörte ich den schrillen Pfiff eines Männchens. Quakend erwiderte in der Nähe das Weibchen. Bald trat das Männchen auf den vor mir gelegenen freien Platz. Da ertönte der Pfiff eines zweiten Männchens. Erregt antwortete das vor mir hochaufgerichtet stehende, und nun folgte Pfiff auf Pfiff, bis auch der Rivale den Platz betrat. In gebückter Stellung musterten sich die Feinde, wobei sie schnalzende Laute ausstießen, dann sprangen sie gegeneinander an. Der Kampf war eine Kombination aus Säbelduell und Boxmatch. Bald fuhren sie mit den Schnäbeln gegeneinander, daß ihnen die Federn von der Brust stoben, bald hieben sie, auf einem Bein stehend, mit den scharfbekrallten Füßen gegeneinander los. In ihrer Erregung stampften sie den Boden und stießen grunzende Laute aus. Der zuerst gekommene Kiwi war der stärkere; bald benutzte der andere einen günstigen Moment und lief davon.

Der Sieger ließ einen triumphierenden Pfiff ertönen, und das Weibchen, das den Kampf beobachtet hatte, zollte ihm nun seine Bewunderung durch hingebende Liebe. Die Liebkosungen begannen damit, daß sich die Liebenden mit ihren Schnäbeln das Gefieder ordneten, dann abwechselnd zum Scheine im Moose nach Nahrung bohrten und mit den Füßen scharrten.

Die Flitterwochen werden in einer Höhle verbracht, und Nacht für Nacht geht das Paar gemeinsam auf Nahrungssuche. Ich beobachtete stets, daß sich alte Weibchen junge Männchen und alte Männchen junge Weibchen zu Liebesgespielen suchten.

Cape Reinga an der Nordspitze Neuseelands. Nach einer Legende der Maori steigen an diesem Kap die Seelen der Toten am Stamm eines Pohutukawa-Baumes in die Unterwelt.

Wenn das Weibchen sein Ei gelegt hat, übernimmt das Männchen das Geschäft des Brütens. Die Jungen sind bald selbständig, und die Eltern kümmern sich wenig um sie; ich sah niemals Kiwi ihre Jungen verteidigen.

Ich hielt drei Arten in Gefangenschaft; alle wurden zahm, und die Männchen fraßen mir sogar aus der Hand. Eines dieser Männchen pflegte, wenn ich ihm nicht zur gewohnten Zeit das Futter gab, mit dem Schnabel zu schnalzen, auf mich loszuspringen und mich mit den Füßen zu schlagen. Es kämpfte auch häufig mit meinem Hund Cäsar.

Bei den Maori gilt der Kiwi als edles Jagdwild. Seine Federn werden in Häuptlingsmatten eingeflochten, die an Kostbarkeit gleich nach den Maorihundmatten geschätzt werden. Der arme Sonderling, der weder schnell laufen noch gegen Menschen sich erfolgreich verteidigen kann und nur in der heiligen Einsamkeit der Urwälder zu Hause ist, stirbt aus. Die Europäer und ihre Begleiter, Hunde und Katzen, vernichten ihn und nehmen ihm die Wälder, die sie mit dem Lärm ihrer Maschinen erfüllen.

ANDREAS REISCHEK, CA. 1880

Auf bebendem Boden

Von den Maorihütten hatte ich einen Marsch von 58 Kilometer an einem Tage zurückzulegen. Infolge der schweren Last, die ich zu tragen hatte, in Schweiß gebadet, mußte ich oft Flüsse mit eisigem Gletscherwasser durchwaten. Der Pfad zog sich bis Tokano am Taupo-See durch ein breites, farnbewachsenes und mit Bimsstein übersätes Tal. Schon von weitem sah ich die Dampfvulkane von Tokano.

Als es dunkel geworden war, erblickte ich in der Ferne ein Licht, auf das ich zuging. Ich gelangte zu einer Maorihütte, bei deren Bewohnern ich mich nach dem Weg zu dem in Tokano befindlichen Gasthaus erkundigte. Die Maori wiesen mir zwar die Richtung, aber es war so finster, daß ich sie verfehlte.

Plötzlich fühlte ich mich am Arme gepackt und zurückgerissen. Als ich mich umwandte, sah ich eine Eingeborene, die mir zurief: «Hot, hot!» (Heiß, heiß!) Ich war infolge

Links: Kaurifichten und Baumfarne säumen den Weg. Photographie um 1930. Rechts: Die Aratiatiafälle des Waikato River, des längsten Flusses von Neuseeland. Photographie um 1930.

der herrschenden Finsternis auf dem besten Wege – in eine heiße Quelle gewesen! Auf solche Art hatten selbst Eingeborene schon ihr Leben eingebüßt. Das Weib geleitete mich dann nach Tokano.

Von Tokano aus begab ich mich zuerst nach Taupo und von dort nach Wairakei ins Geisertal. Dieses Tal dampft und sprudelt von zahllosen Geisern, deren Anblick ein wunderbares Naturschauspiel gewährt.

Der große Wairakei z. B. sendet von sechs zu sechs Minuten siedendes Wasser bis zu einer Höhe von 9 Meter in die Lüfte; in der Zwischenzeit kann man an den Geiserrand treten und in den dampferfüllten Abgrund schauen. In seiner Nähe dröhnt unaufhörlich unterirdisches Getöse, das wie das Schlagen eines Dampfhammers klingt. Weiter im Tal liegt der «Versteinerungsgeiser», in dessen Wasser alle Gegenstände mit einer Sinterschicht überzogen werden. Er sandte sein Wasser siebeneinhalb Meter hoch in die Luft; seit der Tarawera-Eruption im Jahr 1886 ist seine Wassersäule um eineinhalb Meter gefallen. Wir finden dort ferner einen eisenhaltigen schwarzen Geiser und kleine Schlammvulkane, die mit kochendem gelben und rosafarbenen Schlamm erfüllt sind; dann die «Champagnerbowle», einen Geiser, dessen Wasser aus der Tiefe ununterbrochen perlenden Schaum aussendet; außerdem einen kleinen, wundervoll tiefblauen See und einen andern kleinen See, aus dessen Grund ununterbrochen dumpfes Schlagen ertönt und dessen Ufer alle zwei Minuten erzittern.

Von hier wanderte ich durch die weite Kaingaroa-Ebene, die Herden verwilderter Rinder und Pferde zum Aufenthalt dient, bis Orakei, einem am Waikato-Fluß gelegenen Maoridorf. Hier gibt's wieder heiße Quellen und Geiser.

Weiter ging es über das grasbewachsene Tafelland Tahunatana. Mehrere Plätze bieten den Anblick verfallener Festungen mit Erdwällen und Gräben. Orakeikorako kam in Sicht, ebenfalls ein Maoridorf, das zwei schön geschnitzte Runangas besitzt. Das Dorf liegt am Fuße eines hohen Gebirges; durch das Tal schlängelt sich der Waikato-Fluß, an

Früher ein berühmtes Touristenziel. Dem Ausbruch des Tarawera fielen 1886 die 250 Meter hohen rosa und weißen Sinterterrassen zum Opfer. Photographie um 1880.

dessen beiden Ufern sich Quellen von blauer, gelber und grüner Farbe befinden. In unmittelbarer Nähe des Dorfes liegt ein ovalgeformter Berg, der aus Hunderten von Löchern stoßweise in einem fort Dampf ausstößt. Auch eine schöne Alaungrotte ist hier in der Nähe.

Ich verfolgte den Waikato-Fluß zwischen hohen Gebirgen bis Ateamuri, von wo aus eine gute Straße durch Gebirgstäler bis Ohinemutu führt. Ich besuchte Whakarewarewa mit seinen Geisern und Sinterterrassen, dann ging's weiter über Waikari, die zerklüftete sogenannte Erdbebenebene.

Als ich in das Turepa-Tal gelangte, kam der Vulkan Maungakakaramea in Sicht, dessen rote, weiße und gelbe Sinterschichten weithin glänzten. Dieser Berg ist sehr porös, und seine Besteigung erfordert wegen der Gefahr des Einbrechens große Vorsicht. Von seiner Spitze aus hatte ich eine prächtige Fernsicht, namentlich über das vulkanische Gebiet mit sieben Seen, die Kaingaroa-Ebene und über das Maiotapu-Tal.

Über Aschen- und Schlammfelder, das Geländer der fürchterlichen Tarawera-Eruption, ging ich nach Mairoa, dem einst blühenden Badeort am Ufer des Tarawera-Sees, nahe der Weißen und Rosa Terrasse auf Rotomahana, jener Märchengebilde, die samt dem Orte verschüttet wurden. –

Der Ausbruch des Tarawera erfolgte am 10. Juni 1886 frühmorgens. Schon einige Monate vorher war eine lebhaftere Tätigkeit der Geiser und Vulkane zu bemerken. Am 10. Juni, um halb drei Uhr früh, herrschte in Auckland große Bestürzung. In der Stadt, die ungefähr 240 Kilometer vom Eruptionsgebiet entfernt liegt, hörte man gewaltige Detonationen, die wie lebhaftes Artilleriefeuer klangen. Man hielt sie anfänglich für Notsignale eines im Rangitoto-Kanal verunglückten Dampfers, aber bald vermittelten Telegramme die Kunde von der Naturkatastrophe.

In der Nacht vor dem Vulkanausbruch begann der Boden zu zittern. Während der Eruption stiegen aus den Kratern Feuerzangen bis zu vierzehn Kilometer Höhe auf, und ein Regen von Feuerbällen fiel auf das Land. Die Geiser entfalteten eine ungeheure Energie, der Boden war in ständiger Bewegung, eine Reihe neuer Vulkane öffnete sich, die Dampf, Flammen, Asche, Schlamm und Steine spien. Die Gegend war in völlige Finsternis gehüllt; die entsetzten Einwohner flohen nackt.

Mairoa wurde verschüttet, die berühmten Terrassen wurden zerstört, der Rotomahana-See versickerte und verdampfte gänzlich, und große Erdspalten taten sich auf. Viele Hunderte Menschenleben fielen diesem Wüten der Natur zum Opfer.

Gleichzeitig mit der Eruption im Tarawera-Gebiet erfolgte ein Ausbruch des als erloschen geltenden Ruapehu; ein großer See siedenden Wassers bildete sich im Gipfelkrater. Viel später, am 14. März 1895, verdampfte dieses Wasser mit weithin hörbarem Brausen, und Felsblöcke wurden aus dem Krater geschleudert.

Schlamm und Asche lagen noch jetzt, zwei Jahre nach der Eruption, an manchen Stellen über sechs Meter hoch. Das verschüttete Terrain hat eine Ausdehnung von mehr als 32 Kilometern. An Stelle des mächtigen wunderschönen Tikitapu-Urwaldes ragt ein Friedhof kahler, ihrer Rinde und Äste beraubter schwarzer Baumstümpfe auf.

ANDREAS REISCHEK, CA. 1888

An der Bucht Sehr früh am Morgen. Die Sonne war noch nicht aufgegangen, und die ganze Crescent-Bucht lag unter weißem Seenebel versteckt. Die großen, mit Buschwald überzogenen Hügel dahinter waren ganz in Nebel gehüllt. Man konnte nicht erkennen, wo sie aufhörten und wo die Koppeln und Bungalows begannen. […] Starker Tau war gefallen. Das Gras war bläulich. Große Tautropfen hingen an den Büschen und zauderten zitternd; das silbrige, flaumige Wollgras hob sich schlaff auf seinen langen Stielen […].

Ah – ah! klang es von der schläfrigen See her. Und aus dem Buschwald drang das GerieseI kleiner Bäche, die rasch und leichtfüßig zwischen glatten Steinen hindurchschlüpften und sich in farnbewachsene Wasserlöcher stürzten, hinein und wieder hinaus; von großen Blättern klatschten dicke Tropfen nieder, und etwas anderes – was war es nur? – regte sich leise und zitterte, ein Zweig knackste, und dann eine solche Stille, als ob einer lausche.

Um die Ecke der Crescent-Bucht, zwischen aufgetürmten Felsbrocken, kam eine Schafherde angetrippelt. Sie drängten sich dicht aneinander, eine kleine, hüpfende Wollfläche, und ihre dünnen, steckendürren Beinchen trabten so rasch weiter, als hätten die Kälte und die Stille sie erschreckt. Hinter ihnen lief ein alter Schäferhund einher, die feuchten Pfoten sandig, die Nase am Boden, aber sorglos, als dächte er an etwas anderes.

«Bäh! Bäääh!» Eine Zeitlang schienen die Schafe stets auf dem gleichen Stück Land zu sein; vor ihnen dehnte sich die sandige Straße mit seichten Pfützen; zu beiden Seiten tropfnasse Büsche und schattenhafte Zäune. Dann kam ein Ungeheuer in Sicht: ein struppiger Riese streckte die Arme aus. Es war der hohe Eukalyptusbaum vor Mrs. Stubbs Laden, und ein starker Eukalyptusduft schlug ihnen entgegen, als sie daran vorüberzogen. Und jetzt glommen dicke Lichtflecke im Nebel. […]

Die Sonne ging auf. Es war erstaunlich, wie rasch der Nebel sich lichtete, fortstob, sich über der flachen Mulde auflöste, vom Buschwald fortrollte und verschwunden war, als müsse er eiligst entfliehen; große Nebellocken und Knäuel stießen und bedrängten einander, je mehr sich die Silberbahnen verbreiteten. Der ferne Himmel – ein helles, reines Blau – spiegelte sich in den Pfützen, und die Tropfen, die an den Telegraphendrähten entlangschwammen, blitzten wie lauter Lichtpunkte auf. Die hüpfende, glitzernde See war jetzt so grell, daß einem die Augen beim Hinschauen weh taten. […]

Im Buschwald erhob sich der Morgenwind, und der Geruch von Blättern und feuchter schwarzer Erde mischte sich mit dem herben Geruch des Meeres. Myriaden von Vögeln sangen. Ein Distelfink setzte sich auf die äußerste Spitze eines Zweigs, kehrte sich der Sonne zu und plusterte seine kleinen Brustfedern auf. Jetzt waren die Schafe an der Hütte des Fischers und an der rußigen kleinen Maori-Hütte vorbeigezogen, in der Leila, das Milchmädchen, mit ihrer Großmutter wohnte. Sie zerstreuten sich über einen gelben

Blick auf die Berge des Mount Aspirin Nationalpark an der Westküste der Südinsel.

Neuseeländisches Voralpenland südlich des Mount Cook Nationalpark.

Sumpf, und Wag, der Schäferhund, patschte ihnen nach, trieb sie zusammen und drängte sie gegen den steileren, engeren Felsenpaß, der aus der Crescent-Bucht hinaus und zur Daylight-Bucht führte. «Bäh! Bäääh!» drang das Blöken nur noch schwach herüber, als sie auf der schnell trocknenden Straße weiterschlingerten. KATHERINE MANSFIELD, 1921

Am Rand der Zivilisation

Millie stand an die Veranda gelehnt und wartete, daß die Männer außer Sichtweite kämen. Als sie schon sehr weit die Straße hinunter waren, drehte sich Willie Cox auf seinem Pferd um und winkte. Aber sie winkte nicht zurück. Sie nickte nur ein wenig mit dem Kopf und schnitt ein Gesicht. Kein übler junger Mensch, der Willie Cox, doch für ihren Geschmack ein bißchen zu zwanglos. Aber du lieber Himmel, wie heiß es war! Genug, einem das Haar zu braten!

Millie legte sich ihr Taschentuch auf den Kopf und hielt die Hand schützend über die Augen. In der Ferne konnte sie auf der staubigen Straße noch die Pferde als auf und ab tanzende, kleine braune Punkte erkennen, und wenn sie wegblickte – über die versengten Koppeln –, konnte sie sie auch noch sehen, dicht vor ihren Augen, wie Mücken tanzend. Es war halb drei. Die Sonne hing wie ein Brennspiegel am blaßblauen Himmel, und weit weg, jenseits der Koppeln, flimmerten und hüpften die Berge wie das Meer.

Sid konnte nicht vor halb elf zurück sein. Er war mit noch vier Männern zur Ortschaft hinübergeritten, um den jungen Burschen aufzuspüren, der Mr. Williamson ermordet hatte. War es nicht entsetzlich? Und die arme Mrs. Williamson saß nun allein mit all den kleinen Kindern da! Seltsam – sie konnte sich nicht vorstellen, daß Mr. Williamson tot war. Immer war er für einen Witz zu haben. Immer zu Späßen aufgelegt. Willie Cox hatte erzählt, sie hätten ihn in der Scheune gefunden, mitten in den Kopf geschossen, und der junge englische Heini, der auf der Schafstation das Farmen lernte, sei verschwunden. [...] Meine Güte – wenn sie den jungen Mann erwischten! Aber so ein Bursche durfte einem nicht leid tun. Sid hatte es gleich gesagt: wenn so einer nicht aufgehängt würde, wo kämen

Landschaft bei Ruatoria in der Nähe des East Cape.

wir da hin? Und so einer bleibt nicht bei dem einen Mal stehen. Und Willie Cox hatte erzählt, er sei so baff gewesen, daß er aus einer Blutlache eine Zigarette aufgehoben und geraucht hätte. Meine Güte – er muß ja halb verrückt gewesen sein!

Millie ging wieder in die Küche. Sie streute Asche auf die Glut im Herd und besprengte sie mit Wasser. Gleichgültig räumte sie das Eßgeschirr ab, während ihr der Schweiß übers Gesicht lief und von Nase und Kinn tropfte. Dann ging sie ins Schlafzimmer, musterte sich in dem mit Fliegenschmutz bekleckerten Spiegel und wischte sich Gesicht und Hals mit einem Handtuch ab. Sie wußte nicht, was heute mit ihr los war. Am liebsten hätte sie sich gründlich ausgeweint – bloß so, ohne Grund – und dann eine frische Bluse angezogen und eine ordentliche Tasse Tee getrunken. Ja, so war ihr zumute! Sie ließ sich auf die Bettkante fallen und stierte auf den Buntdruck an der gegenüberliegenden Wand, *Gartenfest auf Schloß Windsor*. Im Vordergrund smaragdgrüne Rasenflächen mit himmelhohen Eichen, und in ihrem freundlichen Schatten ein Durcheinander von Damen und Herren und Sonnenschirmen und kleinen Tischen. Den Hintergrund füllten die Türme von Schloß Windsor mit drei flatternden *Union Jacks* aus, und in der Mitte des Bildes war die alte Queen – genau wie ein Teewärmer mit einem Köpfchen obendrauf. ‹Möcht' mal wissen, ob es wirklich so ausgesehen hat?› Millie starrte die blütenschönen Damen an, die ihr einfältig zulächelten. ‹So was würde mir keinen Spaß machen! Zu affektiert! Und obendrein die Queen und alles Drum und Dran!›

Über ihrem Frisiertisch (aus einer alten Packkiste) hing eine große Photographie von ihr mit Sid, an ihrem Hochzeitstag aufgenommen. Ein nettes Bild, wenn man so wollte. Sie saß in ihrem sahneweißen Kaschmirkleid mit den Atlasbändern in einem Korbstuhl, und Sid stand hinter ihr, hatte die eine Hand auf ihre Schulter gelegt und blickte auf ihren Brautstrauß. Und hinter ihnen waren Baumfarne und ein Wasserfall, und ganz in der Ferne der schneebedeckte Mount Cook. Sie hatte ihren Hochzeitstag fast vergessen; die Zeit verging so schnell, und wenn man niemanden hatte, mit dem man plaudern konnte, dann geriet alles bald in Vergessenheit. ‹Möcht' mal wissen, weshalb wir keine Kinder gehabt haben...› Sie zuckte die Achseln... und gab's auf. ‹Ach, *mir* haben sie nie gefehlt. Aber mich sollt's gar nicht wundern, wenn sie Sid gefehlt hätten. Er ist weicher als ich.›

Und dann saß sie ruhig da und dachte an gar nichts, hatte die roten, geschwollenen Hände in die Schürze gewickelt und die Füße von sich gestreckt, und der kleine Kopf mit der dicken Flechtenkrone dunkler Haare sank ihr auf die Brust. Ticktack, machte die Küchenuhr. Asche klickte durch den Rost, und die Jalousie klopfte gegen das Küchenfenster. Auf einmal fürchtete sich Millie. Ein seltsames Zittern befiel sie – inwendig, im Magen zuerst, und dann griff es auf die Knie und Hände über. ‹Es ist jemand da!› Auf Zehenspitzen ging sie an die Tür und spähte in die Küche. Dort war niemand; die Verandatüren waren geschlossen, die Sonnenstores waren heruntergezogen; im dämmrigen Licht leuchtete das weiße Zifferblatt der Uhr, und die Möbel schienen sich zu spreizen und zu atmen... und ebenfalls zu lauschen. Die Uhr – die Asche – die Jalousie – und dann wieder – noch etwas, wie Schritte auf dem Hof. ‹Geh nachschauen, Millie Evans!›

Sie sprang an die Hoftür und riß sie auf, und im selben Augenblick duckte sich jemand hinter dem Holzstoß. «Wer ist da?» rief sie mit lauter, dreister Stimme. «Komm da raus! Ich seh dich! Ich weiß, wo du bist. Ich hab' meine Flinte hier! Komm hinterm Holzstoß vor!» Sie fürchtete sich überhaupt nicht mehr. Sie war schrecklich wütend. Ihr Herz klopfte wie eine Trommel. «Ich werd' dich lehren, einer Frau Streiche zu spielen!» kreischte sie, nahm eine Flinte aus der Küchenecke und rannte die Verandatreppe hinunter und über den grellen Hof zur Rückseite des Holzstoßes. Dort lag ein junger Mann auf dem Bauch, einen Arm vor dem Gesicht. «Steh auf! Du verstellst dich bloß!» Sie hielt die Flinte schußbereit, und gab ihm einen Fußtritt zwischen die Schulterblätter. Er rührte sich nicht. «O mein Gott, ich glaube, er ist tot!» Sie kniete nieder, packte ihn und drehte ihn auf den Rücken. Er rollte wie ein Sack herum. Sie hockte sich auf die Fersen und starrte ihn an; ihre Lippen und ihre Nasenflügel zitterten vor Entsetzen.

Er war noch der reinste Junge, mit blondem Haar und etwas blondem Flaum auf der Lippe und dem Kinn. Seine Augen standen offen und ließen das Weiße sehen, und sein Gesicht war von Schweiß und Staub verkrustet. Er trug ein baumwollenes Hemd, eine Drellhose und Leinenschuhe. Der eine Hosenbeinling klebte mit dunklem Blut am Bein fest. ‹Nein, *das* kann ich nicht›, dachte Millie. Und dann: ‹Du mußt!› Sie beugte sich über ihn und fühlte nach seinem Herzen. «Warte, warte!» stammelte sie und rannte ins Haus, um Brandy und einen Eimer Wasser zu holen. ‹Was machst du bloß, Millie Evans? Ach, ich weiß nicht! Ich hab' noch nie einen ganz Bewußtlosen gesehen!› Sie kniete nieder, legte den Arm unter den Kopf des Jungen und goß ihm etwas Brandy zwischen die Lippen. Er floß zu beiden Seiten seines Mundes herunter. Sie tauchte einen Zipfel ihrer Schürze ins Wasser und wischte ihm mit zitternden Fingern über das Gesicht und das Haar und den Hals. Unter dem Staub und Schweiß war sein Gesicht so weiß wie ihre Schürze, und abgezehrt und verkrampft. Ein fremdes, schreckliches Gefühl griff Millie Evans ans Herz – eine Saat ging auf, die dort niemals geblüht hatte, schlug tief Wurzel und entfaltete schmerzende Blätter. «Kommst du zu dir? Fühlst du dich besser?» Der Junge atmete stöhnend und halb erstickt, seine Lider zitterten, und er drehte den Kopf hin und her. «Jetzt geht's schon besser», sagte Millie und strich ihm das Haar aus der Stirn. «Jetzt fühlst du dich wieder gut, was?» Der Schmerz in ihrer Brust erstickte sie fast. ‹Weinen nützt jetzt nichts, Millie Evans! Darfst nicht den Kopf verlieren!› Plötzlich richtete er sich auf und lehnte sich an den Holzstoß, weg von ihr, und blickte auf den Boden. «Gut so!» sagte Millie Evans mit einer unbekannten, bebenden Stimme.

Der Junge sah auf und hörte sie an, noch immer stumm, aber mit so viel Qual und Entsetzen in den Augen, daß sie die Zähne zusammenbeißen und die Fäuste ballen mußte, um nicht loszuheulen. Nach einer langen Pause sagte er mit einem Tonfall, wie kleine Kinder im Schlaf sprechen: «Ich bin hungrig.» Seine Lippen zitterten. Sie rappelte sich hoch und stand über ihm. «Du kommst jetzt mit ins Haus und setzt dich richtig zum Essen hin!» sagte sie. «Kannst du gehen?» – «Ja», flüsterte er und folgte ihr taumelnd über

Brandung in der Woodpecker Bay, die im Gebiet des Paparoa Forest-Reservats im Nordwesten der Südinsel liegt.

Nächste Doppelseite: Regenwolken über den verwinkelten Seitenarmen des Doubtful Sound, einer der schwer zugänglichen Regionen des Fjordland-Nationalparks.

Das Hauptportal der Christchurch Cathedral im Abendlicht. Die Stadt Christchurch, 1850 von der anglikanischen Kirche gegründet, wurde in streng quadratischer Form rund um die Kathedrale errichtet.

Kurow, ein Dorf am Waitaki River in der Provinz Otago. Hier endete früher eine Stichbahn aus Oamaru, der Küstenstadt im Osten der Südinsel.

Christchurch gilt als die englischste Stadt Neuseelands. Im Hintergrund die zwischen 1901 und 1905 erbaute katholische Cathedral of the Blessed Sacrament.

Port Lyttelton, der Hafen von Christchurch, ist von der Stadt durch die Hügelkette der Port Hills getrennt und liegt in einem früheren Vulkankessel.

Nächste Doppelseite: Strommasten begleiten die Straße von Omarama nach Clearburn. Im Hintergrund Hügel am Fuße des Benmore Peak südlich des Mount Cook-Nationalparks.

Sheep-Shearing. Die Männer der Scherkolonnen müssen mindestens 200 Schafe pro Tag von ihrer Wolle befreien, um auf ihr Soll zu kommen. Bei Wettbewerben wird weniger als eine halbe Minute pro Schaf benötigt.

In der Wildnis der Halbinsel Otago an der Ostküste der Südinsel.

Weidende Schafe im Buller Gorge-Reservat an der Westküste der Südinsel.

Nächste Doppelseite: Ein Ort der vollständigen Abgeschiedenheit und Ruhe. Kiesbank in einer Flußschleife des Waiatoto River im Westen der Südinsel.

Sanfte Dünung. Seventeen Mile Bluff an der Nordwestküste der Südinsel.

Blick auf die Tasmansee durch den Wald des Paparoa Forest-Reservats im Nordwesten der Südinsel.

Immergrüner Südbuchenwald säumt im regenverwöhnten Westland nördlich von Haast die Ufer des Lake Moeraki.

Nächste Doppelseite: Die bizarre Berg- und Gletscherwelt der Southern Alps. Im Vordergrund ein Teil des Volta-Gletschers, in der Ferne Neuseelands höchster Berg, der Mount Cook.

Wie zerschmettert wirkt das zerklüftete Ende des Volta-Gletschers, dessen letzte Ausläufer in flachen Wellen erstarren.

den grellen Hof und bis an die Veranda. An der untersten Stufe blieb er stehen und sah sie wieder an. «Ich geh' nicht rein» sagte er. Er setzte sich auf die Verandatreppe innerhalb des kleinen Schattenkreises, der sich rings ums Haus zog. Millie betrachtete ihn. «Wann hast du letztesmal was gegessen?» Er schüttelte den Kopf. Sie schnitt ein Stück fettes Büchsenfleisch ab und bestrich eine Scheibe Brot dick mit Butter, doch als sie es zu ihm hinausbrachte, stand er und schaute sich um und achtete nicht auf den Teller mit Essen. «Wann kommen sie zurück?» stammelte er.

Im nämlichen Augenblick wußte sie Bescheid. Sie stand da, hielt den Teller und starrte ihn an. Es war Harrison. Er war der englische Heini, der Mr. Williamson umgebracht hatte. «Ich weiß, wer du bist», sagte sie sehr langsam. «Mich kannst du nicht anschmieren. Ja, der bist du. Ich muß auf beiden Augen blind gewesen sein, daß ich's nicht gleich gewußt habe.» Er machte eine Handbewegung, als hätte das alles nichts zu sagen. «Wann kommen sie zurück?» Und sie wollte sagen: ‹Jede Minute. Sie sind schon unterwegs.› Statt dessen sagte sie dem schrecklichen, verängstigten Gesicht: «Nicht vor halb elf.» Er setzte sich, lehnte sich gegen einen Verandapfosten. Sein Gesicht zerfiel – zerflatterte zusehens. Er schloß die Augen, und die Tränen rannen ihm über die Wangen. ‹Noch das reinste Kind! Und all die Männer hinter ihm her! Hat keine Chance, denen zu entkommen – sowenig wie ein Kind!› – «Nimm ein bißchen Fleisch», sagte Millie. «Du brauchst jetzt was zu essen, was dir den Magen füllt!» Sie ging über die Veranda und setzte sich neben ihn, mit dem Teller auf ihren Knien. «Da – probier mal ein Stück!» Sie zerbrach das Butterbrot in kleine Stücke und dachte: ‹Sie sollen ihn nicht fangen! Nicht, wenn's nach mir geht! Männer sind allesamt Biester. Mich geht's nichts an, was er getan oder nicht getan hat! Steh ihm bei, Millie Evans! Er ist bloß ein krankes Kind!›

Millie lag mit weit offenen Augen auf dem Rücken und lauschte. Sid wälzte sich herum, baute sich die Steppdecke um die Schultern und brummelte: «'n Nacht, Alte!» Sie hörte, wie Willie Cox und der andere Mann ihre Sachen auf den Fußboden in der Küche fallen ließen, und dann ihre Stimmen und schließlich, wie Willie Cox zu seinem Hund sagte: «Leg dich, Gumboil! Lieg still, du kleiner Satan!» Dann wurde es ganz still im Haus. Sie lag da und lauschte. Jeder Nerv in ihrem Körper zuckte und lauschte ebenfalls. Es war heiß. Sie wagte nicht, sich zu bewegen, um Sid nicht zu wecken. ‹Er muß davonkommen. Er muß. Was schert mich die Gerechtigkeit und all der Mist, den sie heut abend gequasselt haben›, dachte sie aufgebracht. ‹Wie wollt ihr wissen, wie was ist, eh' ihr's nicht am eigenen Leib erlebt habt. Ist ja alles Mist!› Sie horchte krampfhaft in die Stille. Er sollte sich auf den Weg machen! … Noch ehe draußen etwas zu hören war, stand Willie Coxs Hund auf, trabte hörbar über den Küchenfußboden und schnupperte an der Hoftür. Millie spürte, wie das Grauen in ihr hochkroch. ‹Was macht der Köter? Hu, was für'n Dummkopf ist der Junge, wo hier ein Hund im Haus ist! Warum legt sich der Köter nicht und schläft?› Der Hund war still, aber sie wußte, daß er lauschte.

So plötzlich, daß sie entsetzt aufschrie, begann der Hund zu bellen und hin und her zu laufen. «Was ist los? Was gibt's denn da?» Sid war im Nu aus dem Bett. «Es ist nichts, es ist bloß der Hund! Sid! Sid!» Sie umklammerte seinen Arm, aber er schüttelte sie ab. «Mein Jesus, da ist was los! Herrgott noch mal!» Sid fuhr in seine Hose. Willie Cox riß die Hoftür auf. Gumboil raste wütend auf den Hof und um die Hausecke. «Sid, jemand ist in der Koppel!» brüllte der andere Mann. «Was ist? Wer ist da?» Sid stürzte auf die Vorderveranda. «Hier, Millie, nimm die Laterne! Willie, ein Kerl hat eins von den Pferden geklaut!» Die drei Männer sausten aus dem Haus, und im gleichen Augenblick sah Millie, wie Harrison auf Sids Pferd über die Koppel und die Straße hinabjagte. «Millie, bring die verdammte Laterne!» Sie kam barfuß angerannt, das Nachthemd klatschte ihr um die Beine. Wie der Blitz waren sie hinter ihm her. Und als sie in der Ferne Harrison sah, hinter dem die drei Männer her waren, erstickte eine neue, rasende Freude alles andre in ihr. Sie stürzte auf die Straße, sie lachte und schrie und tanzte im Staub und schwenkte die Laterne. «Hei, mach los, Sid! Fangt ihn, Willie! Los! Los! Hei, Sid, schieß ihn runter! Schieß ihn runter!» KATHERINE MANSFIELD, 1911

Neuseeland in Stichworten

Anreise. Neuseeland hat drei internationale Flughäfen – Auckland, Wellington und Christchurch, die von 15 internationalen Fluggesellschaften angeflogen werden.

Schiffahrtsgesellschaften bieten keinen Linienverkehr für Passagiere nach Neuseeland aus Europa oder Australien und Containerschiffe nehmen kaum noch Passagiere auf ihren Transpazifikfahrten auf.

Austern. An der Foveaux-Strait im Süden der Südinsel findet sich in großen Mengen die schmackhafte Bluffauster (Ostrea angasi). Sie wächst auf dem Meeresboden in bis zu 27 Metern Tiefe. Die Bluffauster hat eine weiße Schale und keinen violetten Rand wie die in Europa bekannten Austernarten.

Automobile Association. Besucher Neuseelands können gegen Vorlage ihrer nationalen Mitgliedskarte die Leistungen der neuseeländischen Automobile Association in Anspruch nehmen. Sie erhalten detaillierte Karten, Hotelführer, technischen Rat und Reiseinformation. Anfragen an AA Association, PO Box 5, Auckland.

Bevölkerung. Neuseeland hat 3,3 Millionen Einwohner meist britischer Abstammung, 280 000 von ihnen sind Maori. Die Maori, die polynesischen Ursprungs sind, kamen in mehreren Einwanderungswellen vor dem 13. Jahrhundert nach Neuseeland. Seit dem 19. Jahrhundert haben die Maori und die Pakeha (Europäer) die gleichen Staats- und Bürgerrechte; Ehen zwischen Braunen und Weißen sind häufig.

«BYO»-Lokale und «Tea-Rooms». Nur Bars und Lokale, die «fully licensed» sind, dürfen Alkohol ausschenken. An vielen anderen Restaurants finden Sie das Zeichen »BYO«. Es bedeutet «Bring Your Own». Wenn Sie auf Ihren Aperitif oder ein Glas Wein zum Essen nicht verzichten möchten, können Sie diese oder andere Getränke selbst mitbringen; Verkauf in sogenannten «Bottle Stores», «Wine Shops» oder direkt beim Winzer. Für den kleinen Hunger zwischendurch gibt es überall «Tea-Rooms», Restaurants mit Selbstbedienung und Imbißstände.

Campmobil. Wenn es ein Land gibt, das für den Urlaub mit dem Wohnmobil ideale Voraussetzungen bietet, dann ist es Neuseeland. Das Straßennetz ist gut ausgebaut und wenig frequentiert. Rund 450 Camping-Plätze stehen zur Verfügung, deren Benutzung aber nicht vorgeschrieben ist. Es gibt nur wenige Einschränkungen für freies Camping.

Einkaufen. Geschäfte haben normalerweise montags bis donnerstags von 9 bis 17.30 Uhr und freitags bis 21.00 Uhr geöffnet. In manchen Gegenden ist Donnerstag der lange Einkaufstag. Fast überall haben die Geschäfte auch am Samstagmorgen geöffnet. Sonntags haben alle Läden mit Ausnahme der kleinen Lebensmittelgeschäfte (dairies) geschlossen.

Energie. Neuseeland bezieht 80% seines Energiebedarfs aus Wasserkraftwerken. Zahlreiche Flüsse und Seen, vor allem auf der Südinsel (Waitaki, Manapouri, Te Anau und Clutha), werden aufgestaut, um dieses Energiepotential nutzen zu können. 9% der Energie werden in den Dampfkraftwerken von Wairakei, 9% mit Kohle, Öl oder Naturgas erzeugt.

Essen und Trinken. Neuseeland ist führend im Export von Fleisch- und Milchprodukten. Neuseeländisches Lamm gehört neben Rind- und Schweinefleisch zu den beliebtesten Fleischsorten. Eine reiche Auswahl der unterschiedlichsten Fleischgerichte ist in jedem Restaurant zu finden – und man kann sicher sein, daß die Portionen großzügig bemessen sind. Als Beilage gibt es frisches Gemüse wie Tamarillos (Baumtomaten) oder Kumara, die einheimische Süßkartoffel.

Fasane, Rebhühner und Truthähne (saisonbedingt) bereichern das kulinarische Angebot ebenso wie die große Auswahl an Fischen und Schalentieren: fangfrische Goldbrassen, John Dory (Petersfisch), Groper, Breitling, Crayfish (Hummer), Muscheln und Austern.

Süßspeisen und Nachtisch gibt es in vielen exotischen Variationen. Die Spezialität Neuseelands sind Desserts mit den leuchtend grünen Scheiben der Kiwifrucht, wie z.B. «Pavlova», eine besondere Art von Baiser-Torte.

Feiertage
Gesetzliche Feiertage in ganz Neuseeland:

Gesetzliche Feiertage	Örtliche Feiertage:	
Neujahrstag	Wellington	22. Januar
Waitangitag (6. Februar)	Auckland	29. Januar
Karfreitag	Northland	29. Januar
Ostermontag	Nelson	1. Februar
Anzac-Tag (25. April)	Otago	23. März
Geburtstag der Königin	Southland	23. März
(erster Montag im Juni)	Taranaki	31. März
Tag der Arbeit (vierter	Hawkes Bay	1. November
Montag im Oktober)	Marlborough	1. November
1. Weihnachtsfeiertag	Westland	1. Dezember
2. Weihnachtsfeiertag	Canterbury	16. Dezember

Die örtlichen Feiertage sind jeweils die Jahrestage der entsprechenden Provinz. Wenn sie auf einen Freitag, Samstag oder Sonntag fallen, werden sie am darauffolgenden Montag gefeiert. Fallen sie dagegen auf einen Dienstag, Mittwoch oder Donnerstag, werden sie am vorausgehenden Montag gefeiert.

Flachs. Der neuseeländische Flachs (Phormium tenax) gehört zur Familie der Liliengewächse. Seine schlanken Blätter

Kauriwald in der Provinz Northland.

Surfer am Wainui Beach.

wurden von den Maori zum Herstellen von Matten, Fischnetzen und Leinen verwendet. Die Europäer entdeckten seine Eignung für die Fabrikation von Segeltauen. Bereits 1873 gab es über dreihundert Flachsmühlen in Neuseeland.

Flüge im Inland. Air New Zealand und Ansett New Zealand sind die bedeutendsten Fluglinien im Inlandverkehr mit einem ausgedehnten Streckennetz. Sie fliegen Boeing 737 und einige F27 Friendship-Turboprop-Maschinen. Mount Cook Airlines fliegt in erster Linie zwischen Großstädten und Ferienorten, vor allem mit Hawker Siddley 748 Turboprop-Maschinen. Im südlichen Teil der Südinsel fliegt diese Linie auch Britten Norman Islanders, Piper Cherokees und einmotorige Cessnas 180, 185 und Pilatus Porters. Ansett New Zealand fliegt ähnliche Routen mit 45sitzigen De Havilland Dash 8. Auch andere Linien haben fahrplanmäßige Flüge zwischen Provinzstädten. Die Flugpreise sind niedriger als im innereuropäischen Luftverkehr.

Geographie. Neuseeland ist 1600 Kilometer lang und besteht aus zwei Hauptinseln – der nördlichen mit 115 000 Quadratkilometern und der südlichen mit 151 000 Quadratkilometern. Stewart Island, mit 1700 Quadratkilometern, liegt unmittelbar südlich der Südinsel. Der neuseeländische Archipel liegt 10 400 Kilometer südwestlich von Nordamerika, 1700 Kilometer südlich der Fidschi-Inseln und 2250 Kilometer östlich von Australien.

Gold. Auf beiden großen Inseln wurde um die Mitte des 19. Jahrhunderts Gold entdeckt: 1844 an der Westküste der Südinsel, 1852 in Coromandel (Nordinsel), 1862 in Zentral-Otago (Südinsel) und 1878 in der Bay of Plenty (Nordinsel). Neuseeland exportierte zwischen 1857 und 1957 Gold im Werte von 122 Millionen Pfund.

Kakapo. Der Kakapo ist ein Vogel mit eulenartigem Gesicht und einer ebenfalls eulenartigen Lebensweise; er gehört zu den größten Papageienarten der Erde. Seine goldgelben bis leuchtend grünen Federn sind seiner Umgebung, dem Farnkraut und Unterholz im Busch, angepaßt. Der Kakapo, der um den Schnabel borstenartige Gesichtsfedern hat, kann nicht fliegen, klettert aber mit Hilfe seines Schnabels geschickt an Ästen empor und benutzt seine rudimentären Flügel beim Abwärtsrutschen zum Balancieren. Bis 1977 stand der Kakapo auf der Liste der aussterbenden Tierarten. Auf Stewart Island fand man eine Population von knapp hundert Vögeln, die unter dem Schutz und der Beobachtung von Zoologen das Überleben des Eulenpapageis gewährleisten sollen.

Kauri. Der Kauribaum (Agathis australis) hat Verwandte in Neuguinea, Fidschi, Neukaledonien, Malaysia und Indonesien. Ursprünglich reichte sein Verbreitungsgebiet bis zur Südinsel. In der Neuzeit gab es ihn nur noch im Northland bis südlich von Auckland. Die Siedler haben die großen Wälder in kurzer Zeit vernichtet. Um 1800 war Kauriholz der wichtigste Exportartikel, in aller Welt gesucht für Schiffsbau und -masten. Der langsam wachsende Baum wurde fast ausgerottet. Ebenso begehrt war sein Harz, auch in fossilem Zustand, das als Grundstoff für langsam trocknende Lacke und Terpentin Verwendung fand. 1862 brachte eine Tonne Kaurigum 600 Dollar.

Kea. Der Nestorpapagei (Nestor notabilis) ist ein Bewohner der neuseeländischen Alpen und nur auf der Südinsel zu finden. Er ist olivgrün mit roten Federn unter den Flügeln, ein verspielter und zerstörerischer Vogel, der mit seinem schar-

70 Millionen Schafe leben auf Neuseeland. Widder auf einer Farm in der Nähe von Paihia. Unten: Mutig-verspielter Kletterer an der Bay of Islands.

Rechte Seite: Vertreter der neuseeländischen Fauna. Oben links: Kea (Nestor notabilis). Oben rechts: Königsalbatrosse (Diomedea epomophora) auf der Otago-Halbinsel, der einzigen Festlandkolonie dieser Vogelart. Mitte links: Austernfischer (Haematopus ostralegus). Mitte rechts: Pukeko (Porphyrio melanotus). Unten links: Seehund an der Westküste der Südinsel. Unten rechts: Tuatara (Brückenechse) auf Stevens Islands.

fen Schnabel ein Paar Bergstiefel in wenigen Minuten in Einzelteile zerlegt. Die Keas nisten in Felsnischen in Lagen von über 600 Meter Höhe. Die Farmer behaupten, er töte Lämmer, indem er ihnen die Nieren herauspicke. Zoologen sind jedoch anderer Meinung. Der Kea steht unter Naturschutz. Am Arthur's-Paß und in der Craigieburn-Range ist er häufig zu finden.

Kiwi. Der Kiwi, der zur Gattung der Apterygigormes gehört, ist Neuseelands ältester Vogel, der seit sieben Millionen Jahren auf den Inseln lebt. Er hat einen dünnen Schnabel, an dem die Nasenlöcher vorne angebracht sind, ist flügellos und hat sehr dünne Federn. Der Kiwi ist ein nachtaktiver Vogel. Das Kiwiweibchen legt ein großes Ei, das vom Männchen in elf Wochen ausgebrütet wird. Der Vogel wurde zum Nationalsymbol; nach ihm nennen sich die Neuseeländer selbst «Kiwis».

Klima. Neuseeland erfreut sich in fast allen seinen Gebieten einer langen Sonnenscheindauer. Die Jahreszeiten sind denen in der nördlichen Hemisphäre entgegengesetzt, d.h. von Oktober bis April ist es warm, und von Juni bis August ist es kühler.

In den subtropischen Gebieten nördlich von Auckland wachsen Orangen, Grapefruits und andere subtropische Früchte. Südlich von Auckland kann auf der Nordinsel im Winter Nachtfrost auftreten. Schnee liegt jedoch nur auf den Gipfeln der Berge. Die ausgedehnten Obstplantagen und Weingärten in Hawkes Bay weisen auf lange, warme Sommer. Auf der Südinsel fällt der Schnee reichlich im Gebiet der Südalpen, verschwindet aber im Sommer fast gänzlich und speist Hunderte von Seen, Flüssen und Fjorden.

Die Temperaturen an der Nord- und Nordostküste der Südinsel sind so hoch, daß dort Wein und Tabak angebaut wird. Die nachstehende Tabelle beweist den Mangel an extremen Temperaturschwankungen in Neuseeland:

Klimatabelle	Durchschnittl. Tagestemperatur		Durchschnittl. Wassertemperatur	Niederschlag (Durchschn.)	Sonnenscheindauer
Ort	So. (°C)	Wi. (°C)	So./Wi. (°C/°C)	(mm)	(Std./Jahr)
Nordinsel					
Bay of Islands	24	15	20/16	1617	2010
Auckland	23	14	20/15	1243	2102
Rotorua	23	12	23/11	1511	1972
Napier	24	13	18/13	793	2280
Wellington	20	11	17/12	1271	2010
Südinsel					
Nelson	22	12	18/13	999	2410
Christchurch	22	10	15/11	669	1990
Queenstown	21	8	11/11	849	1933
Dunedin	19	10	14/ 9	772	1689
Invercargill	18	9	13/ 9	1086	1660

Königsalbatrosse. Diese Albatrosart (Diomedea epomophora) gehört mit drei Metern Flügelspannweite zu den größten Vögeln der Erde. Seine Brutplätze befinden sich in der Nähe der Antarktis. Erst im Alter von sieben Jahren beginnt das Weibchen jeden zweiten Sommer Eier zu legen. Eine Kolonie dieser schönen Vögel befindet sich auf der Otago-Halbinsel bei Dunedin. Im Herbst fliegen die Vögel zu den Gesellschaftsinseln.

Leihwagen. Überall in Neuseeland gibt es eine reiche Auswahl an Leihwagen. Die Gebühren variieren nur wenig zwischen den einzelnen Verleihfirmen und richten sich nach der Wagengröße, der zurückgelegten Entfernung und der Mietdauer. Neuseeland hat mit der BRD, der Schweiz und Österreich ein Abkommen über die Anerkennung von Führerscheinen getroffen. Viele Verleihfirmen schreiben vor, daß der Mieter mindestens 21 Jahre alt ist und seit mindestens einem Jahr den Führerschein hat. Vergessen Sie nicht, daß in Neuseeland links gefahren wird!

Moa. Die großen flügellosen Laufvögel lebten etwa fünfzehn Millionen Jahre in Neuseeland. Es gab fünfundzwanzig Arten, von Truthahngröße bis zum drei Meter großen Dinornis maximus. Die Moas fraßen Gras, Blätter und Früchte. Allgemein wird angenommen, daß bereits Eingeborene einer frühen Einwanderungswelle, die Moriori, den Moa ausrotteten. Man jagte ihn meist mit Feuer; viele Skelette des Moa finden sich in Sümpfen.

Netzkarten. Für Busreisen unterschiedlicher Dauer gibt es in Neuseeland eine spezielle Netzkarte, den sogenannten «Kiwi Coach Pass». Mit ihm kann man unbeschränkt die Linienbusse von mehreren neuseeländischen Autobus-Unternehmen benutzen und so fast alle Regionen Neuseelands erreichen. Noch ein Gutes haben die Netzkarten: bei Vorlage des «Kiwi Coach Pass» erhält man bei anderen Unternehmen 10% Ermäßigung, beispielsweise für einen Flug mit dem Kleinflugzeug auf den Mount Cook oder für eine Kreuzfahrt in der Bay of Islands. Wichtig: der «Kiwi Coach Pass» kann nur außerhalb Neuseelands gekauft werden.

Für die Eisenbahn gibt es den «New Zealand Railway Pass» in mehreren Varianten. Er sollte möglichst vier Wochen vor Abreise über ein Reisebüro geordert werden.

Pakeha. Bezeichnung für den Europäer oder Weißen in der Maorisprache.

Regierung. Neuseeland hat ein parlamentarisches Regierungssystem nach britischem Modell und das allgemeine Wahlrecht für die erwachsene Bevölkerung. Verfassungsrechtlich ist Neuseeland eine konstitutionelle Monarchie und das Staatsoberhaupt, Ihre Majestät Königin Elisabeth II., wird im Lande von einem Generalgouverneur vertreten. Das Parlament besteht aus einer Kammer (House of Representatives) mit fünfundneunzig Sitzen; jeder Vertreter wird auf drei Jahre gewählt. Parlamentswahlen sind allgemein, seit 1879 wählen alle Männer, seit 1883 auch die Frauen. Gewählt wird wie in Großbritannien nach dem relativen Mehrheitswahlrecht; die Partei mit den meisten Sitzen bildet die Regierung, ihr Vorsitzender wird Ministerpräsident. Außerdem gibt es einen Exekutivrat. Die Maori haben vier spezielle Sitze im Parlament. Der Präsident der Labourpartei, Mr. Benet, ist ein Halbmaori.

Rußsturmtaucher (Muttonbirds). Puffius Griseus, von den Maori «Titi» genannt, ist ein großer Wanderer. In der kühlen Jahreszeit fliegt er bis zum Nordpazifik. Im November kommen die Vögel zurück zu ihren Nisthöhlen auf Stewart Island und den umliegenden Inseln, um dort ihre Jungen auszubrüten. Im April, wenn die Kleinen flügge werden, nehmen die Maori, denen dieses Jagdrecht seit Generationen zusteht, eine große Anzahl Nester aus. Die Küken sind wegen ihres Fetts und ihrer Daunenfedern begehrt. Rund 250 000 junge Muttonbirds werden pro Saison gefangen.

Sandflies (Phlebotominen). Kapitän Cook notierte am 11. Mai 1773 bei seinem Aufenthalt in einer der großen

Golfplatz vor dem Mount Egmont (Mount Taranaki). Sport ist ein fester Bestandteil des neuseeländischen Alltags.

Wildwasserfahrt mit dem Schlauchboot auf dem Shotover River in der Nähe von Queenstown.

Ältere Männer beim Bowling in New Plymouth. Unten: Maori-Alltagskultur gestern und heute. Moana Te Rangi (Mitte) führt in ihrem Wohnzimmer zusammen mit Sohn und Enkel traditionelle, aus Flachs und Federn gefertigte Maori-Kleidungsstücke vor.

Linke Seite: Kein Land hektischer Betriebsamkeit. Oben links: Samstagnachmittag im Domain Park von Wellington. Im Hintergrund Cricket-Spieler. Oben rechts: Einer der gut gepflegten Oldtimer. Alter Ford an einer Bucht des Lake Tarawera. Mitte links: Jugendliche vor einem Lebensmittelladen in Tolaga Bay. Mitte rechts: Improvisierter Lunch in einem Park von Wellington. Unten links: Kriegerdenkmal am Cathedral Square in Christchurch. Unten rechts: Straßenszene in Tolaga Bay an der Ostküste der Nordinsel.

Fjords der Südinsel, Dusky Sound: «Das schlimmste Tier ist die kleine schwarze Sandfliege, die hier in großer Zahl vorkommt und so quält, daß alles, was ich bisher erlebt habe, übertroffen wird. Überall, wo sie hinstechen, schwillt die Haut an. Man fühlt einen unwiderstehlichen Juckreiz und bekommt Pusteln wie bei Pocken.»

Sport. Das Insellland bietet sehr gute Bedingungen für die meisten Sportarten. Die Neuseeländer gelten als ausgesprochen sportbegeistert; ein besonderes Faible haben sie für «Outdoorlife». Einfache Schutzhütten stehen Bergwanderern und Skitouristen, Jägern und «Trampern» in den Alpen oder auf den Vulkanen zur Verfügung. Großer Beliebtheit erfreuen sich Mannschaftssportarten wie Handball, Basketball, Cricket oder das Nationalspiel Rugby-Football. Schon die Kinder träumen davon, ein «All Black» zu werden. «All Black», «Ganz Schwarze» sind Mitglieder der Nationalmannschaft, so genannt nach dem schwarzen Mannschaftsdreß mit einem weißen Farnblatt als Emblem. Auf den zahlreichen Golfplätzen tummeln sich 80 000 Golfspieler; Rasenkegeln begeistert 70 000 Neuseeländer, darunter viele Ältere. Ein anderer sehr populärer Sport ist Reiten. Alljährlich werden bei Pferderennen bis zu 100 Millionen Dollar verwettet. Schon die Kinder nehmen an Pferderennen teil. Viele weltberühmte Rennpferde wurden in Neuseeland gezüchtet.

Takahe. Der Takahe ist ein hühnergroßer, flügelloser Vogel mit olivgrünem Gefieder, rotem Schnabel und Füßen. Er gehört zur Rallenfamilie und ist ein guter Läufer und Schwimmer. Man hielt diesen ungewöhnlichen Vogel bereits für ausgestorben, entdeckte ihn aber 1948 in der Nähe des Te Anau-Sees wieder, wo es eine kleine Kolonie der Vögel gibt.

Tölpel. Im Osten der Nordinsel brütet die Tölpelart Sula bassana serrator. Es sind große weiße Vögel mit gelbem Kopf und schwarzumrandeten Augen, spitzen Flügeln und starken Schnäbeln. Tölpel sind gute Taucher; sie stürzen sich mit angelegten Flügeln ins Meer, um Fische zu fangen. Sie kommen alljährlich im Oktober bis November zu ihren Brutplätzen und legen je ein Ei. Das Junge schlüpft nach sechs Wochen aus. Wenn die Jungvögel im April fliegen können, verlassen sie mit den Eltern die Brutfelsen und kehren erst nach vier Jahren zurück.

Touristeninformation. Neben den NZTP Travel Offices in Auckland, Rotorua, Wellington, Christchurch, Queenstown und Dunedin gibt es insgesamt etwa 90 Informationszentren in den größeren Städten, Nationalparks und Ferienorten, die für Auskünfte aller Art zur Verfügung stehen.

Veranstaltungen. In Neuseeland finden das ganze Jahr über die verschiedensten Festivals und Veranstaltungen statt. Größere jährliche Veranstaltungen sind:
Januar: Jährliche Segelregatta, Auckland.
Februar: Waitangi-Tag, Bay of Islands.
März: Auckland Festival. «Golden Shears» Schafschur-Wettbewerb, Masterton. Internationales Speerfisch-Turnier, Bay of Islands. Ngaruawahia Regatta, Nähe Hamilton (Maori-Kanu Regatta).
April: Highland Games, Hastings.
Mai: Nationales Wollgewerbe-Festival, Christchurch.
Juni: New Zealand Agricultural Field Days, Mystery Creek, Hamilton (Landwirtschaftsschau).
November: Canterbury Show-Woche, Christchurch.
In Rotorua findet jedes Jahr ein internationaler Forellen-Angelwettbewerb statt.

Wandern. Auf der Nordinsel und der Südinsel gibt es eine Reihe beliebter Wanderwege – für individuelle Touren oder für Wanderungen in begleiteten Gruppen. Die Wege führen zumeist durch die von der Zivilisation kaum berührten Nationalparks oder Nationalforste Neuseelands. Die beiden bekanntesten Wanderwege Neuseelands befinden sich auf der Südinsel: der Milford Track und der Routeburn Walk. Beide führen durch den riesigen Fjordland Nationalpark und zählen zu den schönsten Wanderwegen auf der Erde. Der Milford Track ist etwas mehr als 50 Kilometer und der Routeburn Walk rund 40 Kilometer lang. Sie sind jeweils in vier Tagen zu bewältigen und bereiten bei guter körperlicher Verfassung keine besonderen Schwierigkeiten. Übernachtet wird in einfachen Hütten. Die Wandertouren werden in der Regel von erfahrenen Führern begleitet. Für einige Tracks ist eine Anmeldung obligatorisch, um den Andrang der Wanderer in einem für die Natur erträglichen Maß zu halten.

Wetter. Neuseeland besitzt ein ozeanisch gemäßigtes Klima, das von keiner in der Nähe liegenden Landmasse beeinflußt wird. Dem vorherrschenden Westwind ist besonders die ganze Westküste Neuseelands ausgesetzt. Dadurch eignen sich diese Küsten gut zum Surfen, während die geschützteren Ostküsten bessere Möglichkeiten zum Tauchen, Segeln und Hochseefischen bieten.

Zeitzonen. Neuseeland, nahe an der internationalen Datumsgrenze gelegen, ist der Mitteleuropäischen Zeit (MEZ) um 11 Stunden voraus. Während der europäischen Sommerzeit sind es nur noch 10 Stunden, während der neuseeländischen Sommerzeit (Oktober bis Anfang März) genau 12 Stunden Zeitunterschied.

Schlammtümpel im Thermalgebiet von Whakarewarewa.

Stationen einer Reise
von Auckland bis Stewart Island

Neuseeland – das Inselland unserer Antipoden – ist größer als die Bundesrepublik Deutschland und bietet eine Fülle landschaftlicher Facetten und Eindrücke. Es fällt dem Reisenden schwer, sich für *einen* Weg zu entscheiden und auf den anderen zu verzichten.

Es ist im übrigen gleichgültig, ob man einen Flug über Ost oder West, über Asien oder Amerika plant. Neuseeland liegt uns auf der Erdkugel fast genau gegenüber. Seine Uhren laufen der Zeit von Greenwich in der Zeit von Oktober bis März exakt um zwölf Stunden voraus.

Drei der vier Großstädte, die alle an der Küste liegen, können direkt von Übersee angeflogen werden – Auckland, Wellington und Christchurch. Jede andere Stadt ist mit regionalen Fluglinien erreichbar. Über den Widerstand gegen den Ausbau von Flugplätzen, wie er bei uns zu finden ist, schütteln die Neuseeländer nur staunend die Köpfe. Hier ist es ein Privileg für einen Ort, mit einem eigenen Flugplatz an das dichte Inlandflugnetz angeschlossen zu sein.

Der Flug nach Neuseeland ist lang, und man braucht Zeit, um die Inselwelt kennenzulernen. Für einen Kurzurlaub lohnen sich Kosten und Mühen des weiten Fluges kaum. Bei der Reiseplanung ist zu beachten, daß von Mai bis September, in der Zeit der europäischen Sommerferien, in Neuseeland Winter ist. Der Frühling setzt aber bereits Ende August ein. Er bedeckt Neuseeland mit einem in allen Farben schillernden Blütenschleier aus einheimischen und eingeführten Pflanzen. Auf der kühleren Südinsel setzt der Jahreszeitenwechsel etwas später ein.

Die Nordinsel

Die Nordinsel Neuseelands wird von 900 bis 1800 Meter hohen Mittelgebirgen durchzogen, die von einzelnen, zum Teil aktiven Vulkanen überragt werden. Vulkanismus und thermische Aktivitäten prägen das Innere der Insel, das zu den geologisch interessantesten Gebieten der Erde gezählt wird.

Der Mount Egmont (oder Taranaki) bildet eine vulkanische Bastion im Westen. Das Zentrum der Nordinsel wird von den drei mächtigen Feuerbergen Ruapehu, Ngauruhoe und Tongariro beherrscht. Weitere, meist erloschene Vulkane sind über die Insel verteilt. Vor der Nordküste dampft die Vulkaninsel White Island, die schon Kapitän Cook faszinierte – er gab ihr den Namen.

Auch einige der vielen Seen Neuseelands, darunter der Taupo-See als der größte, sind vulkanischen Ursprungs. Kochende Dampf- und Wasserquellen, Geysire und siedende Schlammtümpel geben der Landschaft im nördlichen Teil der Insel ein dämonisches Aussehen.

Die Vegetation der Nordinsel ist subtropisch. Der dschungelartige, unterholzreiche Regenwald, der «Busch» Neuseelands, mit seiner einzigartigen, nur sehr langsam wachsenden Flora, wurde jedoch auf weiten Teilen durch eingeführte Pflanzen und Rodungen verdrängt. Rasch wachsende Nutzholzarten aus Übersee und ausgedehnte Viehweiden dominieren mittlerweile über die ursprüngliche Vegetation. Neuseeland ist seit dem 19. Jahrhundert das Land der Farmer und Viehzüchter, der Schafe und Rinderherden. Auf 3,3 Millionen Einwohner kommen heute 70 Millionen Schafe und 9 Millionen Rinder.

Das anscheinend so friedliche Bild einer immergrünen Welt trügt: Neuseeland, vor allem die Nordinsel, ist der latenten Gefahr von Vulkanausbrüchen und Erdbeben ausgesetzt. Seine geographische Isolation ist Segen und Fluch zugleich. Die Begrenztheit von Rohstoffvorkommen und industrieller Entwicklung zwingt zahlreiche junge, vor allem auf technischem Gebiet qualifizierte Neuseeländer zum Auswandern.

Auckland

Auckland, Neuseelands größte Metropole mit rund 900 000 Einwohnern, bietet sich als Ausgangspunkt für ein Kennenlernen der Nordinsel besonders an. Das heutige Stadtgebiet wurde von Gouverneur Hobson vor fast hundertfünfzig Jahren für 55 Pfund Gold sowie Decken, Hemden, Äxte und andere Gebrauchsgegenstände von den Eingeborenen, den Maori, «gekauft». Es erstreckt sich im Gegensatz zu Rom nicht über sieben Hügel, sondern über dreiundsechzig erloschene Kleinvulkane, die wie gigantische Ameisenhaufen aus dem Stadtbild ragen.

Die «City of Sails», die Stadt der Segel, wie Auckland genannt wurde, liegt auf einer schmalen Landenge. Sie hat zwei Häfen, einen an der Ostseite am Pazifischen Ozean und einen an der Westseite an der Tasmanischen See. Zahllose Boote, Yachten und Katamarane zeigen, wie sehr sich die Aucklander mit der See verbunden fühlen.

Auckland ist eine Stadt mit einem unverwechselbar eigenen Gesicht. Die zahlreichen Strände, die geschäftige City und die luftigen Parks vermitteln ein kosmopolitisches Flair. Industrie gibt es in dieser am schnellsten expandierenden Stadt Neuseelands nur an der Peripherie.

Zwischen den Hochhäusern der City, den breiten, modernen Geschäftsstraßen, zwischen den würdigen, im viktorianischen Stil erbauten Verwaltungsgebäuden und der imposanten Universität erheben sich die Vulkane als grüne Ruheinseln. Auf einigen Hügeln wie dem Mount Eden (196 Meter) oder dem One Tree Hill (183 Meter), die beide eine herrliche Aussicht über die Stadt und den Hafen bieten, sind noch die Spuren von Terrassen einstiger Maori-Pas zu erahnen. Heute grasen Schafe auf ihren Kegeln, locken Parks zum Rasten, gibt es Museen und ein Observatorium.

Rund um die eigentliche City zeigt sich das typische Bild neuseeländischer Suburbs. Die große Mehrheit der Einwohner lebt in wellblechgedeckten, aus Holz gebauten Einfami-

lienhäusern. Umgeben von großzügigen Gärten, dehnen sich endlose Reihen dieser Häuschen bis zu den weitläufigen Stränden aus. Auckland ist in der heutigen Form völlig ungeplant und erstreckt sich über ein riesiges Areal. Um die nördlichen Stadtteile über die Hafenbucht hinweg mit den südlichen zu verbinden, wurde 1959 eine große Hafenbrücke mit acht Fahrspuren gebaut.

Beim Bummel durch Aucklands geschäftige Queenstreet und die belebte Fußgängerzone fallen unter den luftig gekleideten Passanten und Schaufensterflaneuren die vielen dunklen Gesichter auf: Einwanderer, aber auch «Gastarbeiter» von den Inseln des Stillen Ozeans. Auckland ist nicht nur das Tor zur Südsee, sondern auch umgekehrt: das Tor der Südsee zur westlichen Zivilisation. Schulen, Universität und bessere Berufschancen locken Tausende von Insulanern aus dem umliegenden pazifischen Raum an. In manchen Stadtteilen Aucklands drängen sich inzwischen die Polynesier mit den Maori auf engstem Raum zusammen. Soziale Probleme bis hin zur Ghettoisierung sind die Folge. Neuseeland ist Mitglied in allen internationalen Organisationen, die sich um eine Verbesserung der Verhältnisse im Südpazifik bemühen. In diesem Zusammenhang sieht es seine großzügige Einwanderungspolitik gegenüber den Nachbarinseln als aktive Entwicklungshilfe innerhalb des eigenen Lebensraums.

Bay of Islands und Cape Reinga

Auf der einzigen, bis zum Nordkap führenden Straße taucht nach fünfzig Kilometern Waiwera auf. Zahlreiche Ortsnamen beginnen mit «Wai», was in der Sprache der Maori «Wasser» bedeutet. Waiwera mit seinen Thermen fiel schon 1842 einem schottischen Kapitän auf, der im Vorübersegeln Maori beobachtete, die am Strand Sandgruben ausgehoben hatten und im Wasser der dort entspringenden heißen Quellen badeten.

Ein kleiner Umweg führt nach Puhoi. Am Ortsrand steht ein großes, in dieser Form in Neuseeland einmaliges hölzernes Kruzifix, das von Einwanderern aus Süddeutschland errichtet wurde. 1863 rodeten 83 Neuankömmlinge aus Bayern und Böhmen den dichten Farnbusch, um sich hier anzusiedeln. Auf verstreut gelegenen Höfen, wie man sie aus der Heimat kannte, wurde versucht, Landwirtschaft zu betreiben. Trotz harter Arbeit gehörten Hunger und Entbehrung zum Alltag der Siedler. In einem kleinen Hafen am Puhoifluß wurden Kartoffeln, Gemüse und Obst für den Markt in Auckland auf Boote verladen, da die Stadt auf dem Landweg nur unter großen Mühen zu erreichen war. Als ein Erdbeben den kleinen Hafen zerstörte, verloren viele der Einwanderer den Mut und zogen fort. Das heutige Puhoi ist das Relikt einer nie zur Blüte gekommenen Siedlung.

Die bunten Glasfenster in der kleinen Holzkirche tragen noch die deutschen Namen ihrer Stifter, und wer sich einen abendlichen Drink in dem nostalgischen Hotel leistet, wird mit «Wie geht's» begrüßt. Das Hotel, das früher Treff- und Mittelpunkt zugleich war, fungiert heute auch als Museum. An den Wänden und an der Decke hängen Teekessel und Lampen, Zangen und Töpfe, die die Einwanderer einst mitgebracht hatten. In gotischer Schrift geschriebene Briefe, vergilbte Dokumente und Urkunden füllen die Wände.

Auf dem Weg nach Norden, vorbei an Whangarei, der Provinzhauptstadt von Northland, geht es weiter zur Bay of Islands, dem Nukleus neuseeländischer Geschichte. In dieser Bucht mit dem weitgeschwungenen Strand soll nach der Überlieferung der Maori bereits im 10. Jahrhundert Kupe, der polynesische Entdecker Neuseelands, gelandet sein. Der Name, von Kapitän Cook 1774 gewählt, bezieht sich auf die

Russell an der Bay of Islands. Der Ort, heute ein Zentrum der Tiefseesportfischerei, steht auf dem Boden des historischen Kororareka, einer Anfang des 19. Jahrhunderts als «Höllenloch des Pazifik» bezeichneten Robben- und Walfängerstation.

Coromandel-Halbinsel westlich von Auckland, ein ungewöhnliches landschaftliches Ensemble aus Stränden, Felsen und subtropischen Wäldern.

Seite 108/109: Auckland. Die achtspurige, 1959 erbaute Brücke über die Hafenbucht verbindet die südliche und nördliche Hälfte der größten Stadt Neuseelands.

Marine Parade, die Seepromenade von Napier, der größten Stadt der Hawke Bay im Osten der Nordinsel.

hundertfünfzig Inseln, die in der Bucht liegen. Zwei Jahre später landete hier der Franzose Marion du Fresne mit seinem Schiff und vergrub im Sand eine bis heute nicht gefundene Flaschenpost mit einer Urkunde, die den Anspruch König Ludwigs XV. auf «Austral-France» bestätigte. Frankreich war jedoch zu spät gekommen, und für du Fresne war hier die Reise zu Ende: er und vierundzwanzig seiner Landsleute wurden von den Maori erschlagen.

1814 ließen sich auf der einen Seite der Bay of Islands englische Missionare nieder. Vollkommen andere Zustände herrschten auf der gegenüberliegenden Seite der Bucht. Walfänger, Robbenjäger, ehemalige Zuchthäusler und Abenteurer aus Europa und Amerika machten Kororareka zum «Höllenloch des Pazifik», zeitweise aber auch zum wichtigsten Hafen Neuseelands. Bei einem Angriff der Maori 1845 wurde der Ort fast völlig zerstört.

Russell mit den ältesten Kirchen der Nordinsel und einigen frühen, aus klobigen Steinen errichteten Pionierhäusern ist auf den Trümmern des ehemaligen Kororareka entstanden. Es ist heute eine verschlafene, in sich ruhende Stadt, die eine gute Vorstellung von der Pionierzeit der Insel vermittelt. Nicht hier, sondern im nahen Old Russell lebten und wirkten die Missionare, die schließlich, entsetzt über das wilde Treiben in Kororareka, den Schutz der Britischen Regierung für die Eingeborenen anforderten. Im nahegelegenen Waitangi, das heute ein sehenswertes Museum besitzt, wurde 1840 der berühmte Schutzvertrag mit den Maori abgeschlossen.

In diesem Vertrag verpflichteten sich die weißen Kolonialherren, das Land und seine Ureinwohner zu schützen. Wie weit diese Vorsätze von der Realität entfernt waren, zeigen die weiter nördlich gelegenen, gerade noch rechtzeitig durch ein Naturschutzgesetz geretteten Reste der einst so herrlichen Kauriwälder. Die riesigen, dreißig Meter hohen Kauribäume (eine Araukarienart) mit ihren gewaltigen, tausend Jahre alten Stämmen wurden massenweise gefällt und exportiert. Kauriholz galt neben Teakholz als das beste Material für den Schiffsbau. Die nur langsam wachsende Art verschwand bis auf spärliche Reste aus der Flora Neuseelands.

Die Straße wird schmaler, einsamer. Nach Norden hin gleicht die Nordinsel einem dünnen Finger, der auf der westlichen Seite von einem neunzig Meilen langen Strand (90 Mile Beach), auf der östlichen von einer buchtenreichen Küste mit wenigen Siedlungen begrenzt wird. Hier leben mehr Maori als Weiße.

Cape Reinga, am Nordende der Insel, liegt auf einem hohen Felsen, der von bis zu 50 Meter hohen Sanddünen umgeben ist. Ein behäbiger Leuchtturm kündet den vorüberfahrenden Schiffen die Nordspitze Neuseelands an. An dieser Stelle, an der sich die Tasmanische See und der Pazifische Ozean vereinen, steigen die Seelen der Toten, so glauben die Maori, am Stamm eines knorrigen Pohutukawabaums hinab ins Meer, um zur Urheimat Hawaiki zurückzukehren.

Ist Hawaiki die Erinnerung an eine sonnendurchflutete Heimat in der Südsee? Ist es ein Mythos? Über dem geheimnisvollen Kap, von den weißen Schaumkronen der Brandung umrahmt, liegt ein unerklärlicher Zauber. Man sollte Cape Reinga allein besuchen, ohne lärmende Touristen.

Von Auckland nach Coromandel

Zurück in Auckland, bietet sich als Abwechslung eine Bootsfahrt zur gegenüberliegenden Coromandel-Halbinsel an. Die krallenartige Landzunge ist bergig und waldbedeckt. Abseits vom üblichen Weg, in verwunschener Vergessenheit, trotzt sie dem Meer mit Steilkliffs und romantischen Buchten. Die Strände schillern rosa von Milliarden von Muschelscherben.

Auf Coromandel begegnen sich Gestern und Heute. Das Arawa-Kanu, eines der Maori-Ahnenkanus, soll nahe dem Gipfel des Mount Moehau, des «windigen Schlafplatzes», vergraben sein. Auf Coromandel stand Kapitän Cook zum ersten Mal staunend vor einem Maori-Pa. «Der fähigste englische Ingenieur», so bemerkte er, «hätte an keinem besseren Ort eine bessere Festung für die Verteidigung weniger gegen viele erbauen können.»

Bei Kuaorunu wurde 1852 das erste Gold der Nordinsel gefunden. Heute suchen Prospektoren, mit Lizenzen ausgerüstet, nach Silber, Nickel, Zinn und Schwefel. Im 19. Jahrhundert wurden in diesem Gebiet neben Gold außerdem Kauriholz und Kauriharz abgebaut. Im Forest Park sind noch die Flußdämme zu sehen, die die Kauriholzfäller zum Flößen der Stämme angelegt hatten. Inzwischen gibt es große Schonungen, in denen junge Kauribäume nachgezüchtet werden. Allerdings brauchen sie Jahrhunderte, um «erwachsene» Bäume zu werden.

Den eindrucksvollsten Überblick über die Coromandel-Halbinsel bietet ein Aussichtspunkt auf 347 Meter Höhe am Ende der Whitianga-Straße. Abends vergoldet der Sonnenuntergang im weiten Umkreis den Wald, die Küste und die hohen Castlerock-Felsen.

Von Coromandel zur Bay of Plenty

Kapitän Cook fiel ein Stein vom Herzen, als er endlich in einer Bucht vor Anker gehen konnte, die von freundlichen Maori bewohnt war. Anders als die Eingeborenen an der Ostseite, erlaubten sie seinen Seeleuten zu landen, die Wasserfässer aufzufüllen und Eßbares im Tauschhandel zu erwerben. Hatte er die ungastliche Küste «Poverty Bay» (Armutsbucht) getauft, so gab er dieser den Namen «Bay of Plenty» (Überflußbucht). Beide Namen sind bezeichnend für die Abhängigkeit der frühen Forscher und Entdecker von der Verproviantierung auf fremdem Boden.

«Plenty» – Überfluß gibt es tatsächlich in dieser weit nach Norden blickenden Küste. Hinter der immensen Bucht liegt fruchtbares Land in satten Farben, das Zitrusfrüchte, Kiwis und Tamarillen hervorbringt.

Zwei Städte liegen an der Bucht. Eine Laguneninsel schützt Tauranga im Westen, eine hübsche Stadt vor dem ebenmäßigen Kegel des Mount Maunganui. Sie strahlt die Gemächlichkeit und in sich ruhende Zufriedenheit einer charakteristischen neuseeländischen Kleinstadt aus. Im Osten, am gleichen Strand, liegt Whakatane. Heute Zentrum eines Viehzuchtgebietes, wurde es bei Maori-Aufständen 1869 zerstört und mußte neu erbaut werden. Für die Maori ist die Stadt ein historischer Ort, wo ihrer Sage nach einst das Mataatua-Kanu der polynesischen Vorfahren landete, das die Kumara, die unentbehrliche Süßkartoffel, mitführte. Ein Ereignis, das noch heute gefeiert wird.

Das friedliche Bild der Bay of Plenty täuscht. Mitten in der Bucht, etwa fünfunddreißig Kilometer vom Strand entfernt, steigt Dampf auf: White Island, ein Krater, emporgestiegen aus dem vulkanischen Gürtel, der sich vom Zentrum der Nordinsel über den Pazifischen Ozean bis Samoa hinzieht. Der schwefelhaltige Vulkan mit seinen siedenden Tümpeln und austretenden Gasen ist ein lebensfeindliches Eiland. Der Versuch, hier Schwefel kommerziell abzubauen, endete tragisch, als im September 1914 eine Eruption Menschen und Gebäude ins Meer fegte. Nur noch einige Ruinen blieben stehen. Heute lebt oder arbeitet niemand mehr auf White Island. In Tauranga, Whakatane oder Rotorua kann man jedoch Flugzeuge für einen Inselblick aus der Vogelperspektive chartern.

Der alte Dampfer «Earnslaw» erinnert an die Zeit, als Goldgräber von Queenstown über den Lake Wakatipu zu ihren Schürfstellen gebracht wurden.

Vor der Arbeit. Wharfis (Hafenarbeiter) im Hafen von Wellington.

Der Anhänger als Obststand. Am Straßenrand von Wanui Beach im Osten der Nordinsel verkauft ein Farmer seine Produkte.

Zweimastyacht und Marinekriegsschiff am Kai des Überseehafens von Wellington.

Schafhirte mit seinen jeweils auf einen speziellen Pfiff abgerichteten Hunden in der Nähe von Ruatoria auf der Nordinsel.

Nächste Doppelseite: Nachwuchsspieler beim Kricket, einer der beliebtesten Sportarten Neuseelands.

Schwarzer Schwan (Trauerschwan) auf dem Tarawera-See.

Kiwi, der als Nationalsymbol Neuseelands bekannte flügellose Vogel.

Von Einwanderern eingeführte Pflanzen: Die wildwachsende Fackellilie aus Südafrika (oben) und die Artischocke aus dem Mittelmeerraum fanden in Neuseeland ideale klimatische Bedingungen.

Gelbaugenpinguin auf der Halbinsel Otago, in der Nähe von Dunedin. Hier beobachtete L. E. Richdale achtzehn Jahre lang das Verhalten und die Bestandsveränderungen dieser Art.

Von Tauranga nach Rotorua

Runde 200 Kilometer südöstlich von Auckland liegt im Herzen des von thermisch-vulkanischen Aktivitäten beherrschten Gebiets der Ort Rotorua am gleichnamigen See.

Rotorua – das bedeutet Schwefelgestank und brodelnden Qualm, der zwischen den Blumenbeeten der Gärten und den Rissen im Straßenpflaster aufsteigt. Der freundliche Kurort mit seinem imposanten, im Tudorstil erbauten Kurhaus und seinen Thermalbädern liegt in einer wahrhaft «höllischen» Landschaft. Rundherum gibt es jedoch auch große Wälder und in zierlichen Baumfarn eingebettete Forellenteiche. Im nahen Kawerau werden in riesigen Forsten vor allem kalifornische Pinien gezüchtet, die das Rohstoffreservoir einer expandierenden Papier- und Pappindustrie bilden.

Die Maori haben ihre eigene Vorstellung, wie das Feuer und der Dampf nach Rotorua und nach Taupo kamen, dem zweiten bedeutenden Ort dieser Region. Als der heilige Priester Ngatoroirangi einst bitterlich frierend auf dem Vulkan Tongariro stand, erflehte er von den Göttern ein wärmendes Feuer. Die Götter erhörten seinen Wunsch und schickten das Feuer, das unter dem Meeresboden und unter der Erde zum Tongariro reiste. Zuerst brach es in White Island aus dem Boden, dann im Gebiet von Rotorua und Taupo, ehe es den Tongariro-Vulkan erreichte und den Erfrierenden rettete. Überall, wo das Feuer bis zur Oberfläche kam, blieb die Erde bis heute heiß.

Wer Neuseeland besucht, kommt nach Rotorua. Es gibt zahlreiche Hotels, Motels und Ferienwohnungen. In Rotorua sollte man sich Zeit nehmen – mehr als einen Tag.

Whakarewarewa

An der südöstlichsten Peripherie von Rotorua fanden die Überlebenden des Tarawera-Vulkanausbruchs von 1886 eine neue, wenn auch ungewöhnliche Heimat. Der Ort liegt inmitten von nach faulen Eiern riechenden Dämpfen, heißen Pfützen und blubbernden Sümpfen.

Man betritt Whakarewarewa durch eine Art Stadttor, das zugleich das Kriegerdenkmal für die gefallenen Maori der beiden Weltkriege darstellt. Es liegt jenseits einer Holzbrücke, unter der Maorikinder geschickt im warmen Flußwasser nach Münzen tauchen. Dahinter – kaum zu erkennen hinter den Dampfschwaden – steht das Dorf, das zwar längst mit den Errungenschaften der westlichen Zivilisation ausgestattet ist, aber doch noch deutlich die Struktur einer Maori-Siedlung erkennen läßt. Die Häuser sind in aufgelockerter Bauweise ohne strenge Ordnung rund um das mit großartigen Schnitzereien verzierte Versammlungshaus geschart. Nicht weit davon plantschen Kinder und waschen Frauen ihre Wäsche im naturwarmen Wasser; Gemüse kocht in geflochtenen Säckchen in einer siedenden Quelle.

Der Friedhof an der kleinen Kapelle ist typisch für diese Gegend. Wo jeder Spatenstich eine heiße Quelle zutage fördert, können die Toten nur über der Erde in weißgetünchten Zement-Mausoleen bestattet werden. Die übereinander angeordneten Gräber, mit Kunstblumen verziert, steigen wie die Stufen einer Riesentreppe hangaufwärts. Das hinter Whakarewarewa gelegene Pa Rotowhio ist unbewohnt und dient als Museum. Die aus Baumstämmen errichteten Pallisaden, die Gräber, die Wachttürme und die großen, von holzgeschnitzten Götterfiguren bewachten Tore vermitteln einen Eindruck von Baukunst und kriegerischer Tradition der Maori.

Innerhalb des Pas sind die reichgeschnitzten Wohn-, Koch- und Vorratshäuser zu sehen, die zum Schutz gegen die flügellosen Vögel auf Stelzen erbaut wurden. Dorf und Festung sind umgeben von einer dämonischen Umwelt: Überall öffnet sich die Erde, brodelt düsterer Schlamm. Wasserdampf vernebelt die Wege, von denen abzuweichen lebensgefährlich ist. Geysire, deren kalkhaltige Tropfen den Boden mit einer harten Sinterkruste überziehen, zischen als silberne Wassersäulen empor. Wabernder Dampf und schmatzende Geräusche dringen aus dunklen Höhlen. Vielfarbige Teiche sind mit Millionen von Kochblasen übersät. Eine dieser kochenden Quellen wird «Brainpot» genannt, da man einst darin die Köpfe der erschlagenen Feinde zu kochen pflegte.

Ohinemute

Ist Whakarewarewa längst ein «Muß» für Neuseeland-Besucher, so ist eine andere Maorisiedlung – Ohinemute, im Norden Rotoruas gelegen – weniger bekannt. Die Häuser, eingehüllt in stinkenden Schwefeldampf, bieten einen geisterhaften Anblick. Sehenswert ist nicht nur das große Versammlungshaus mit seinen geschnitzten Balken, sondern auch die im Tudor-Stil gebaute Kirche am Rotorua-See. Sie ist in ihrem Innern nach Maori-Art reich mit kunstvollem Flechtwerk verkleidet. In das auf den See blickende Fenster wurde die Gestalt Christi eingraviert, der, mit einem Maori-Umhang bekleidet, über das Wasser des Rotorua-Sees zu schreiten scheint.

Wie nahe sich Aotearoa und Old England hier gekommen sind, zeigt sich auch vor der Kirche. Unter einem schützenden Dach steht eine Königin Viktoria-Statue auf einem Sockel, den geschnitzte Ungeheuer verzieren. Es handelt sich um ein Geschenk von Prinz Albert als Dank für die Neutralität dieses Stammes in den Maoriaufständen.

Der Rotorua-See

Auf der weiten Wasserfläche schwimmen, zunächst nur als schwarze Punkte zu erkennen, Scharen schwarzer Schwäne. Möwen zanken sich mit ihnen um das Futter. Der Rotorua-See und der angrenzende Rotoiti-See sind eingewoben in die Sagen und Überlieferungen der Maori. Sie berichten von Überfällen, zu denen die Angreifer ihre Boote mitschleppten, und von Seevögeln, die die ahnungslosen Opfer kreischend warnten.

Die Legenden handeln aber nicht nur von Kriegen und Helden, sondern auch von Liebenden. Eine der schönsten Maori-Liebesgeschichten ist die Erzählung von Hinemoa, der einzigen Tochter des Häuptlings der Ngati-Whakane. Um – gegen den Willen ihrer Eltern – zu Tutanekai, ihrem Geliebten, zu kommen, schwamm sie nachts zur Mokoia-Insel. Weder Mensch noch Natur konnte die beiden trennen.

Das Land der heißen Erde

Wer kein eigenes Fahrzeug hat, kann mit Bussen in die benachbarten Täler fahren, die für die Vielfalt ihrer thermisch-vulkanischen Aktivitäten bekannt sind. In Waiotapu bietet der Lady Knox-Geysir, der mit Hilfe einer Handvoll Seifenpulver zum Ausbruch gebracht wird, ein einzigartiges Naturschauspiel. Orakei Korako beeindruckt mit den in vielen Farben schillernden Sinterterrassen, Tikitere mit den besonders wild aufbrausenden Schlammtöpfen und den überkochenden Quellen. Die dortige Huritini-Quelle wurde nach einer Maori-Prinzessin benannt, die sich aus Verzweiflung über die Untreue ihres Mannes in einen der kochenden Strudel warf.

In Waimangu brach vor einem Jahrhundert der Tarawera-Vulkan aus und vernichtete das Weltwunder der rosa und

Geysire wie hier in Whakarewarewa finden sich rund um Rotorua in der thermisch-vulkanischen Zone der Nordinsel.

weißen Terrassen, einst das Ziel ungezählter Reisender aus aller Welt. Es waren einander gegenüberliegende, in viele schillernde Wasserbecken aufgeteilte Hänge, die in Jahrtausenden durch das kalkhaltige Wasser zweier Geysire geschaffen worden waren.

Unter Asche und Lava des Tarawera versanken aber auch Dörfer von Maori und Pakeha; einhundertfünfzig Menschen kamen ums Leben. Heute liegt dort einer der größten kochenden Seen der Welt – der Waimangu Cauldron.

Wairakei-Dampfkraftwerk

Die Straße nach Süden, in Richtung Taupo-See, führt auch an Wairakei vorüber. Hier wird die der Erde entströmende Kraft in einem geothermischen Kraftwerk eingefangen. Zwischen dampfenden Türmen legt sich ein dichtes Netzwerk großer und kleiner Rohre über den Talboden. Fauchend entweicht heißer Dampf aus dem von Menschen geschaffenen Gefängnis. Dampfturbinen erzeugen in den beiden Kraftwerken am Waikato-Fluß zusammen eine Leistung von fast 200 000 Kilowatt. Erfahrungen aus Italien und Island haben beim Bau helfend zur Seite gestanden.

Taupo-See

Als weite, in der Sonne glitzernde Fläche taucht der Taupo-See im Herzen der Nordinsel auf. Er ist ebenfalls vulkanischen Ursprungs und 619 Quadratkilometer groß. Welch ungeheure Eruption muß vor Tausenden von Jahren dieses Kraterbecken ausgehöhlt und Bimsstein weit über das Land verteilt haben. Noch heute schwimmen kleine graue Bimssteinstücke auf dem See und sammeln sich am Ufer an.

Der Taupo-See mit seinen kleinen, gepflegten Ortschaften und seinen Felseninseln, auf denen im Frühling die Kormorane und Möwen brüten, ist das beliebteste Erholungsgebiet der Nordinsel. Das Bild, das sich, von Norden kommend, bietet, ist überwältigend: Über der grünen Wasserfläche des Sees ragen wie weiße Könige vor dem blauen Himmel drei schneebedeckte Vulkane auf.

Tongariro-Nationalpark

Jahrhundertelang waren die Feuerberge für die Maori heilig und streng «tapu». Sie sind, zusammen mit dem im Westen liegenden Mount Egmont, die höchsten Erhebungen der Nordinsel. 1887 schenkten die Maori die Vulkane der neuseeländischen Regierung als Nationalpark.

Der Ruapehu ist mit 2797 Metern der höchste der feurigen Brüder. Mehrfach brach er aus, das letzte Mal 1971. Wesentlich aktiver ist sein Nachbar, der 2291 Meter hohe Ngauruhoe, der seit 1954 nicht mehr zur Ruhe kam. Der nur 1986 Meter hohe Tongariro, dessen Namen der Nationalpark trägt, ist unscheinbarer und nur noch geringfügig aktiv.

«Dersertroad», Wüstenstraße, nennt man die östlich vorbeiführende Route, die durch das dürre Trockengras einer Halbwüste gebaut wurde. Von den Straßen, die das Massiv umringen, zweigt im Norden ein Weg ab, der zum Fuß des Ruapehu und zum Hotel Chateau Tongariro (mit einem Golfplatz in unvergleichlicher Lage) führt. Am Ruapehu selbst, oberhalb der Baumgrenze, liegen die Hütten zweier Skigebiete.

Die Vulkane sind die höchsten Erhebungen der Region und gelten als unberechenbar. Dem regenbringenden Westwind ausgeliefert, gehören reine, klare Schönwetterperioden zu

Denkmal für Fred W. Wylie, einen 1901 im Burenkrieg gefallenen neuseeländischen Kriegshelden. Im Hintergrund das 1908 im elisabethanischen Stil erbaute frühere Badehaus, Tudor Towers, von Rotorua.

den Ausnahmen. An Sonnentagen sind Wanderungen zu den Kratergipfeln ein einmaliges Erlebnis – geübte Bergsteiger können alle drei Gipfel an einem Tag «machen».

Es ist aber auch ein lohnendes Tagesziel, nur den Ruapehu zu besteigen. Als Ausrüstung sind, wegen des harten Lavagesteins, feste Bergschuhe notwendig. Der Weg führt zunächst durch eine Wildnis aus Silberbuchen, Koniferen und Baumfarnen. Mit etwas Glück trifft man auf wilde Orchideen und Papageien. Ab etwa neunhundert Höhenmetern wachsen zwischen den Lavabrocken nur noch vereinzelte Grasbüschel und Enziane; das letzte Stück bis zum Kraterrand führt durch ewigen Schnee. Auch wer mit dem Sessellift aufwärts fährt, muß zum Kraterrand noch ein gutes Stück wandern.

Am Kraterrand angekommen, sieht man unten auf der Sohle des breiten Kessels, mitten zwischen Wänden aus blauleuchtendem Gletschereis, türkisgrün und mit schwefelgelbem Rand umgeben den Kratersee. Er ist den Launen des Vulkans ausgeliefert. Der See kann zufrieren, sich erhitzen, sogar zu kochen beginnen und Schlamm und Felsstücke auswerfen. Zuweilen ist er wohltemperiert und lädt zum Baden ein. Der Abfluß des Sees läuft durch einen Eistunnel des Gletschers zum Whangaehu-Fluß.

Der Ruapehu ist in seiner Gefährlichkeit nicht zu unterschätzen. Welch böse Überraschungen er bereiten kann, zeigte sich am Weihnachtstag 1953, als plötzlich ein Teil des Gletscherabflußtunnels einbrach: Eine Flutwelle stürzte zu Tal, die in Sekunden den Whangaehu-Fluß in einen reißenden Strom verwandelte. Sie zerstörte eine Eisenbahnbrücke, die wenige Minuten später der Expreßzug von Wellington nach Auckland passieren sollte. Sechs Wagen, die zusammen mit der Lokomotive in das Flußbett stürzten, wurden völlig zertrümmert. Hunderteinundfünfzig Reisende verloren ihr Leben – sie hatten in Auckland die Ankunft der britischen Königsfamilie miterleben wollen.

Kein Maori war unter den Toten – ein Zeichen für sie, daß das Unglück vom Götterberg geschickt worden war. Ihrer Ansicht nach wurden die Pakehas für den ungerechten Vertrag von Waitangi bestraft ...

Hawke Bay

Vulkanausbrüche und Erdbeben sind Bestandteil des Lebens auf der Nordinsel. Am hellen Vormittag im Februar 1931 vernichtete ein schweres Erdbeben die benachbarten Städte Napier und Hastings, zweihundertsechsundfünfzig Tote waren zu beklagen. Beide Städte liegen an der Hawke Bay. Es lohnt sich, ihretwegen einen Abstecher zur Ostküste zu machen. Der Weg von Taupo nach Napier führt durch eine abwechslungsreiche Landschaft. Trockene Bimssteinhalden wechseln mit grünen Weingärten, kurvenreiche Bergstrecken mit freundlichen Ebenen voller weidender Schafe. Die Route folgt einem uralten Pfad, den die im Inland lebenden Maori benutzten, um an der Küste zu fischen und Muscheln zu sammeln.

Das wiederaufgebaute Napier ist eine hübsche Stadt. Aufgereiht wie Gardesoldaten säumen Norfolktannen die Strandpromenade. Es ist ein anderes Napier als das frühere: Das Erdbeben hat die Geographie des beliebten Ferienorts drastisch verändert. Ein zwanzig Jahre währender Streit um den Ausbau des Hafens hatte sich in wenigen Sekunden erledigt. Das Beben hob das ehemalige Hafenbecken als ein riesiges Stück Neuland empor. Heute befindet sich dort der Flugplatz und ein luftiger neuer Stadtteil namens Marewa («aus dem Meer gestiegen»).

Blick auf den 2769 Meter hohen Vulkan Mount Ruapehu in Tongariro Nationalpark.

Auch das nahe Hastings wurde schwer zerstört; achtzig Menschen verloren ihr Leben. Die als «Fruchtschale Neuseelands» bekannte Stadt liegt inmitten von Parks, Gärten und weiträumigen Obst- und Weinbaugebieten. Sie gehört durch große Kühlfleischunternehmen und eine weltweit operierende Konservenfabrik zu den bedeutendsten Industrieansiedlungen der Nordinsel.

Cape Kidnappers

An der Küste, nahe den beiden Städten, ragt wie der Bug eines riesigen Schiffes ein hohes Felsenkliff weit in das Meer: Cape Kidnappers. Cook gab ihm diesen Namen, nachdem die Maori versucht hatten, einen auf der «Endeavour» mitreisenden jungen Tahitianer zu entführen.

Der Fels ist vom Gefieder Tausender von Vögeln weiß wie Schnee. Cape Kidnappers dient einer Tölpelkolonie von Frühjahr bis Herbst als Brutgebiet. Schon von weitem hört man das Geschnatter der großen Sturmvögel mit den gelben Köpfen und schwarz umrandeten Augen. Sie sitzen dicht an dicht nebeneinander, ungeachtet der gelegentlichen Besucher. Zwischen den noch auf den Nestern hockenden und ihr Ei ausbrütenden Tölpeln sperren schon flaumige Küken ihre Schnäbel auf und warten mit unersättlichem Appetit auf die Rückkehr der Eltern vom Beuteflug über das Meer. Sie müssen rasch wachsen, um im Herbst bei der Zugvogelwanderschaft mitfliegen zu können.

Von der Felskante stoßen sich die Altvögel in die Luft, um dann mit weit ausgebreiteten Schwingen auf Beutesuche über die See zu gleiten. Die Tölpel, die auf dem Land sehr unbeholfen wirken, sind elegante Flieger und versierte Taucher. Um einen Fisch zu fangen, stürzen sie sich pfeilgleich ins Wasser.

Das Kap ist die einzige bekannte Festlandkolonie dieser Vogelart, die sonst unzugängliche Inseln als Brutplatz bevorzugt. Besucher kommen selten, da nur bei Ebbe genügend Sandstrand frei bleibt, um zwischen Meer und Felsen nach Cape Kidnappers zu wandern.

Die Glühwürmchenhöhlen

Ein ganz anderes Bild bietet Neuseeland an seiner Westküste. Auf der Wetterseite der Nordinsel dominiert grünes und regenverwöhntes Land. Niederschläge und die Meeresbrandung haben im Laufe vieler Jahrtausende den Kalkstein ausgehöhlt und zahlreiche Höhlen geschaffen. Es gibt noch riesige unerforschte Labyrinthe; nur drei der Höhlen kann man besuchen.

Die Waitomohöhlen sind ein Wunder aus Wasser und Licht. Winzige Kalkbestandteile, die mit jedem Tropfen niederfielen, haben die bizarren Stalagmiten und Stalaktiten einer großen Tropfsteinhöhle entstehen lassen. Auf einem unterirdischen Fluß bringt ein Boot die Besucher zu einer weiteren Höhle, deren Decke mit kleinen, wie Sterne am Firmament leuchtenden Punkten übersät ist. Nicht Glühwürmchen, sondern die Larven einer kleinen Fliege, die mit ihrem Leuchten Insekten an ihre klebrigen Fangfäden locken, sind die Urheber dieses Naturschauspiels. Lärm oder aufleuchtendes Blitzlicht bringt die «Sterne» sofort zum Erlöschen. Die winzigen Larven können ihr Licht an- und abschalten.

Taranaki

Wie ein trutziger Wellenbrecher erhebt sich der 2518 Meter hohe Mount Egmont an der Westküste. Die Maori nennen

Mount Ngauruhoe, der aktivste Vulkan Neuseelands im Herzen der Nordinsel.

ihn Taranaki, «baumloser Berg», oder auch Tukehaupapa, «verschneiter Gipfel». Sein letzter Ausbruch fand 1636 statt; seitdem ruht er. Er ist ein fast vollendet geformter Vulkan. Nur ein kleiner Nebenkrater neben dem Gipfel, der Fantham Peak, stört die Symmetrie.

Die Maori glauben, der Taranaki sei einst ein Mitglied der Familie von Feuerbergen im Zentrum der Nordinsel gewesen. Er sei aber von diesen vertrieben worden, da er Pihanga, der reizvollen Gattin des Tongariro, schöne Augen gemacht habe. Grollend lief der Taranaki nach Westen, schürfte dabei das Flußbett des Wanganui-Flusses aus und wartet bis heute auf den Tag seiner Wiederkehr. Wahrscheinlich verhüllte Nebel den Vulkan, als Tasman vorübersegelte, denn er erwähnt den Berg nicht.

Cook war der erste Europäer, der den stolzen Kegel sah; er nannte ihn «Egmont», nach dem ersten Lord der Admiralität. Auch du Fresne gab ihm einen Namen, als er zwei Jahre später vorübersegelte. Er nannte ihn nach seinem Schiff «Pic du Masquarin». 1839 wurde er zum ersten Mal von dem deutschen Forscher Ernst von Dieffenbach bestiegen. Für die Maori war der Vulkan als ein zum Feuerberg gewordener Gott «tapu», den zu besteigen die Ehrfurcht verbot. 1900 wurde der Mount Egmont und das ihn umgebende Gebiet zum Nationalpark erklärt.

Den Fuß des Vulkans umgibt dichter subtropischer Regenwald. Unterwegs auf einem der Bergpfade genießt man an klaren Tagen die satten Farben und die Vielfältigkeit des Buschs. Meistens allerdings stapfen die Bergwanderer bei strömendem Regen durch das nebelverhangene Grün.

Zwei bequeme Straßen führen zu zwei Schutzhütten auf etwa 900 Meter Höhe. Dort oben spielt sich im Winter ein reger Skibetrieb ab. Von hier aus ist es nicht mehr weit bis zum Gipfel, dessen Besteigung jedoch nicht ganz ungefährlich ist. Der Berg kann sich in unglaublicher Geschwindigkeit in Nebel und Regenwolken hüllen, denen Bergsteiger auf dem baumlosen Gipfelhang schutzlos ausgeliefert sind.

Im Norden liegt New Plymouth, Hauptstadt der Provinz Taranaki. Diese Stadt hat seit der Entdeckung von Erdgas im nahen Kapuni und im Meeresboden vor der Küste von Taranaki stark an Bedeutung gewonnen.

Das grüne und fruchtbare Land rund um New Plymouth ist berühmt für seine Molkereiwirtschaft. Dunkelbraune und buntgefleckte Kühe grasen auf satten Weiden; jede Rinderfarm («Station») in Taranaki ist ein kleines Königreich in einer Landschaft, in der Milch, Butter und Käse «fließen».

Als New Plymouth 1841 gegründet wurde, waren die einheimischen Maori bereits von ihren mit Feuerwaffen ausgerüsteten Stammesfeinden fast ausgerottet worden. Hier, in Taranaki, nahmen die Maori-Aufstände, die «Land Wars», ihren Anfang. Die Eingeborenen, die sich um ihr Land betrogen fühlten, führten einen blutigen Guerillakrieg gegen die Pakehas. Die Unruhen, die sich auf weite Teile der Nordinsel ausdehnten, dauerten bis 1872.

Wellington

Wellington liegt an der Südspitze der Nordinsel, nach Maori-Überlieferung an den Nasenlöchern von Mauis Fisch. Die Stadt wurde 1868 aus geographischen Gründen als Verbindungspunkt zwischen Nord- und Südinsel zur neuseeländischen Hauptstadt erhoben. Da der Raum zwischen Bucht und Bergen begrenzt ist, bleibt der Metropole nichts anderes übrig, als an den Küstenbergen in die Höhe zu wachsen oder sich in Nachbargebiete wie Lower- oder Upper-Hutt aus-

Nächste Doppelseite: Blick auf die City und den Hafen von Wellington, der Hauptstadt Neuseelands.

Apfelplantagen in Reedwoods Valley. Mit Obstanbaugebieten in klimatisch bevorzugten Provinzen wie Nelson im Norden der Südinsel soll ein Gegengewicht zu den viehwirtschaftlichen Monokulturen geschaffen werden.

zuweiten. Geschäftsstraßen und Hafenanlagen befinden sich in enger Nachbarschaft; eine Kabelbahn verbindet die Victoria-Universität, den Botanischen Garten und höher gelegene Stadtteile wie Kelburn mit der City. Auch Wellington hat mehrfach Erfahrungen mit Erdbeben gemacht. Eines dieser Beben hat das ganz aus Holz gebaute frühere Regierungsgebäude um seine zweiundzwanzig Schornsteine gebracht.

Wellington ist die Stadt der Regierungs- und Verwaltungsämter: Ein Großteil der 350 000 Bewohner sind Beamte. Man fragt sich, wie der Platz für die vielen, für Parlament und Verwaltung unentbehrlichen Gebäude, für die Münze, die Staatsbibliothek und den Plenarsaal («Bienenkorb» genannt) gefunden werden konnte.

Im Nordteil der Stadt steht der pompöse Parlamentspalast, würdig und säulenverziert, mit den Kammern für das «House of Representatives». Hier hält der Generalgouverneur als Bevollmächtigter der Britischen Krone, manchmal auch ein Mitglied der königlichen Familie selbst, die Thronrede zur Eröffnung einer neuen Legislaturperiode. Selbst in Details wird die «Mutter der Parlamente» in Westminster nachgeahmt. Man gibt sich britisch in Neuseeland, betont und überzeugt.

Nicht in seinen geschäftigen, engen Straßen, wie etwa Lambton Quay, sollte man Wellington kennenzulernen versuchen, sondern von oben, durch einen Blick vom Mount Victoria. Auf dem Gipfel wurde ein Denkmal des Admirals Byrd errichtet, des ersten Überfliegers des Südpols, der wie Scott Neuseeland zum Ausgangspunkt für seine Antarktis-Expeditionen wählte. Das Panorama zeigt das weite Rund des Naturhafens mit der sich zwischen Hafen und Hang pressenden Stadt und den in die weite Umgebung ausgreifenden Vororten.

Die Fähre nach Picton

Im Hafen von Wellington legt die Fähre nach Picton ab, die Passagiere, Autos und Eisenbahnzüge über die Cookstraße zur Südinsel bringt.

Die Cookstraße, die die beiden großen Inseln trennt, ist dreiundzwanzig Kilometer breit und bis zu 365 Meter tief. Sie gilt bis heute als gefährliche Wasserstraße mit unberechenbaren Strömungen und heftigen Winden. Man muß Kapitän Cook bewundern, der mit seiner zerbrechlichen «Endeavour» vor zweihundert Jahren als erster Europäer die nach ihm benannte Wasserstraße passierte. Viele Segelschiffe sanken im Anblick der neuen Heimat, für die man vor Monaten England verlassen hatte. Um die Jahrhundertwende tauchte ein zur Legende gewordener Delphin auf, der den ankommenden Schiffen als Lotse vorausschwamm. Zahlreiche Seeschiffe brachte er bis 1912 sicher in den Hafen von Wellington. «Pelorus Jack», so nannte man den hilfreichen Delphin, wurde sogar durch ein spezielles Gesetz unter Schutz gestellt.

Daß diese Meerespassage auch heute noch eine gefährliche Route ist, erweist sich immer wieder. Vor wenigen Jahren sank zum Beispiel ein modernes Fährschiff und nicht viel später ein russisches Kreuzfahrtschiff in der Cookstraße. An einem hellen Sonnentag und bei ruhiger See ist es jedoch ein Vergnügen, den das Schiff begleitenden Möwen zuzusehen, während die Küste der Nordinsel versinkt und nach drei Stunden die Umrisse der Südinsel auftauchen.

Die Südinsel

Die Südinsel Neuseelands ist ein 800 Kilometer langes, von Südwesten nach Nordosten ausgerichtetes Rechteck. Eine

In Picton, der kleinen Hafenstadt in den Marlborough Sounds, legen die Fähren aus Wellington an.

bis zu 4000 Metern hohe Alpenkette teilt die Insel in einen regenfeuchten West- und einen trockeneren Ostteil. Tasman gab ihr den Namen «Staten Landt»; erst später wurde (für den ganzen Archipel) «Nieu Zeeland» daraus. Die britische Regierung erwog den Namen «New Munster», dann nannte man sie die «Mittelinsel», und endlich ab 1905 «South Island», Südinsel.

Es wird kühler, je weiter man nach Süden kommt. Der 45. Breitengrad Süd durchquert die Südinsel, die damit genau auf halbem Weg zwischen Äquator und Südpol liegt.

Als um 1800 die weißen Siedler kamen, lebten auf der Südinsel weniger Maori als auf der Nordinsel; Kriege und Krankheiten hatten sie dezimiert. In einer der Buchten am Nordende der Südinsel, die er «Queen Charlotte Sound» nannte, hatte Cook einen Stützpunkt eingerichtet, zu dem er immer wieder zurückkehrte. Ihm folgten Wal- und Robbenfänger, die die Pelztiere in dreißig Jahren fast ausrotteten. Schließlich kamen die Missionare, die Forscher und die Siedler – zuletzt die Goldgräber.

Die Städte liegen meist an der Ostküste; die beiden größten sind Christchurch und Dunedin. Die Westseite der Insel wird von den Neuseeländischen Alpen beherrscht; der Südwesten, wo die Alpentäler als Fjorde bis ins Meer hineinreichen, ist bis heute unerschlossen. Die Südinsel ist von anderer Schönheit als die Nordinsel. Ein Land der imposanten Alpengipfel und Gletscher, der großen Seen und Schafweiden, der ungezähmten Flüsse und des wuchernden Buschs.

Die Marlborough Sounds

Die Fahrt über die Cookstraße von Wellington nach Picton dauert drei Stunden und zwanzig Minuten. Picton liegt als kleine, in eine grüne Bucht genestelte Hafenstadt in einer bizarr geformten Küstenlandschaft, die von den Maori als zerschmetterter Bug des Ahnenkanus gedeutet wurde.

Hier im Norden taucht die Südinsel ins Meer. Versunkene Berge, Hügel und Flußmündungen bilden ein Gewirr von Buchten, Wasserarmen, Inseln und Halbinseln: die Marlborough Sounds. Die meisten Plätze sind nur per Boot zu erreichen, selbst der Postbote kommt auf dem Wasserweg. Strömen auch zur Ferienzeit viele Besucher herbei, so leben doch nur wenige Leute ständig in den Marlborough Sounds. Manche Inseln sind bis heute einsam und menschenleer. Auf den «The Brothers» genannten Felseilanden konnte das merkwürdigste und älteste Tier Neuseelands überleben. Die Tuatara oder Brückenechse – das Entzücken aller Zoologen, die von weither anreisen, um sie zu sehen – ist ein Überbleibsel der Saurierfamilie. Mit einem zurückgebildeten dritten Auge auf der Stirn wird diese ungewöhnliche Echse sechzig Zentimeter lang und erreicht ein Alter von über hundert Jahren. Es gibt nur noch wenige Tuataras auf den vorgelagerten Inseln, auf die keine von den Weißen mitgebrachten Tiere gelangten.

Der Hafen von Picton liegt in einer Nebenbucht des großen Queen Charlotte Sounds. Motorbootfahrer legen manchmal in der kleinen Bucht «Ship Cove» an, ohne zu wissen, daß Kapitän Cook hier einen Stützpunkt hatte, an dem er Kartoffeln pflanzte und Schafe freiließ. Auch die Kakapo-Bucht der später hier ansässigen Walfänger ist nicht weit davon entfernt. Einen «Auswurf aller seefahrenden Nationen» haben sie die entsetzten Missionare genannt. Es gab hier bis 1964 noch Walfang, den Neuseeland inzwischen ganz aufgegeben hat. Heute sind die Sounds mit ihrem Ensemble von Inseln, Stränden und Wäldern ein beliebtes Ferienziel.

Nach Nelson und Upper Moutere

Nelson ist nicht nur die nördlichste Stadt der Südinsel, sondern auch die älteste. Sie wurde 1842 planmäßig angelegt und liegt in einer klimatisch bevorzugten Region. Das Gebiet, in dem neben Obst auch Tabak und Wein angebaut werden, ist das sonnenreichste in ganz Neuseeland.

Nelson – der «Vater der Atomphysik», der Nobelpreisträger Sir Rutherford, stammt von hier – liegt an der Tasman Bay, einem historischen Gestade. In der Hoffnung, die Trinkwasservorräte ergänzen zu können, ankerten am 13. Dezember 1642 zwei Segelschiffe der Niederländischen Ostindienkompanie in der Bucht, die «Heemskerk» unter Kapitän Abel Tasman und die «Zeehan» unter dem Ostfriesen Ide Holman aus Jever. Als eines ihrer Boote von den Maori angegriffen wurde, beschloß Tasman, der vier seiner Seeleute bei diesem Überfall verloren hatte, weiterzusegeln. Tasman und Holman haben Neuseeland zwar entdeckt, aufgrund dieses Vorfalls aber nie betreten.

«Mörderbucht» nannte Tasman die Stelle des Überfalls. Heute heißt sie «Golden Bay», ein Name, der ganz dem Eindruck der friedlichen, von Strand umsäumten Küste entspricht.

In der Nähe von Nelson siedelten sich um 1840 deutsche Einwanderer an. Es erinnert noch einiges an die ehemaligen deutschen Dörfer Neurantzau, Schachstal und St. Paulidorf, deren Namen inzwischen verschwunden sind. Upper Moutere heißt heute der Ort mit der lutherischen Pauluskirche, um die herum sich die mit deutschen Inschriften versehenen Grabsteine scharen. Noch bis 1907 wurde in der Kirche in deutscher Sprache gepredigt. Die Einwanderer aus Deutschland entwickelten ein blühendes Obst- und Weinbaugebiet und assimilierten sich rasch.

Durch die Bullerschlucht zur Westküste

Tief hat sich der zur Westküste fließende Buller in die Berge gefräst. Am Fluß entlang durch die gleichnamige Schlucht windet sich die Straße nach Westport, einer Hafenstadt, die ihre Bedeutung der in den umliegenden Bergen geförderten Kohle verdankt.

Die Westküste ist Regenland; wirkliche Schönwettertage sind selten. Westport ist nicht nur eine dem Regen, sondern auch gelegentlichen Überschwemmungen ausgesetzte Stadt. Wie ein Augenzeuge einer solchen Flut behauptete, konnte man «im Vorgarten die Brandungswellen sehen; die Hauptstraße war selbst für große Schiffe passierbar, und vier Hotels wurden von den Fluten weggerissen. Eines hatte noch alle Lampen an, während es seewärts geschwemmt wurde.»

Auf dem Weg nach Süden kommt man an den merkwürdigen Küstenfelsen von Punakaiki vorbei. Der Name ist verballhorntes Englisch von «Pancake» – Pfannkuchen. Die Felsformation erinnert an Hunderte zu Türmen gehäufte Pfannkuchen, zwischen die die Brandung der tasmanischen See donnert und tiefe Cañons ausschürft. In hohen Fontänen spritzt das Wasser bis an die Palmwedel der schlanken Nikaupalme, der einzigen endemischen Palmenart Neuseelands.

In dieser von der Sonne nicht verwöhnten Region bleibt der Himmel meist grau. Greymouth, obwohl nach dem hier mündenden Flüßchen benannt, hat einen passenden Namen. Heute ein kleines Städtchen, war es vor hundertzwanzig Jahren voll hektischen Lebens. Die Entdeckung von Gold an der Westküste lockte damals Hunderte von Diggern an. Die «Shantytown» – ein Freilichtmuseum – läßt die Atmosphäre der wilden Goldgräberzeit wieder lebendig werden. Zu besichtigen sind die Hütten und die Schürfstätten, die Bank und das Goldoffice, der Bahnhof und – da viele Digger aus Asien kamen – das Chinesenviertel. Die Hoffnung auf Gold ließ sie selbst das Wetter der Westküste ertragen.

Zum Fox- und Franz-Josefgletscher

Je weiter man nach Süden vordringt, desto dichter wird der Busch. Die Straße versinkt unter grünen Baumkronen, wird ein Teil des Urwalds. Durch den vielen Regen wuchert der Busch nirgendwo üppiger als auf der Westseite der Südinsel. Jeder Baum ist über und über bewachsen mit Parasiten. Epiphyten, Lianen, Flechten und Moos hängen wie lange Fransen von den Ästen. Im Frühsommer ist alles bedeckt mit Schleiern weißblühender Clematis, mit gelben Kowai- und mit roten Rata- und Fuchsienblüten.

Fremdartige Vogelstimmen sind zu hören. Durch das Farnkraut stelzt ein brauner Weka (Waldhenne), der flügellos wie der Kiwi ist. Zierliche Fächerschwanzvögel huschen vorüber, und aus dem Geäst einer Buche blickt mit großen Augen ein Opossum, einst aus Australien eingeführt und längst zur Plage geworden. Wo der Busch den Blick freigibt, sind die hohen, steilen Berge der Hochalpen zu erkennen, deren Gletscher bis in den immergrünen Busch herabreichen. Die beiden längsten sind der Fox- und der Franz-Josefgletscher, die beide tiefe Schluchten in die Felsen geschürft und mächtige Seitenmoränen aufgehäuft haben. Aus dem Nebel, der die Berggipfel verhüllt, greifen Eiszungen, aufgerissen von blau leuchtenden Spalten, talwärts. Der eisige Strom bewegt sich langsam. Sechs Jahre brauchte der Gletscher, um Teile eines abgestürzten Flugzeugs zum Gletscherende zu transportieren.

Wärmere Sommer und schneeärmere Winter haben die Gletscher schrumpfen lassen. Der Weg ist weiter geworden, um über Eis- und Felsbrocken, über schaukelnde Hängebrücken zum Gletschertor zu gelangen, aus dem der graue Schmelzwasserbach entströmt.

Drei Alpenpässe

Es bieten sich drei Routen an, um die feuchte Westküste zu verlassen. Die nördlichste ist die Lewis-Paßstraße, die durch dichten Busch und an grandiosen Flußtälern entlang nach Osten führt. Wohltuend und entspannend sind die heißen Quellen von Hanmer Springs, in denen sich auch im Winter zwischen rundum aufgetürmten Massen von Neuschnee baden läßt.

Spektakulärer ist die Straße über den Arthur's-Paß. Enge Serpentinen winden sich von der Westseite hinauf zum Paß, der noch heute nur bei günstigen Wetterverhältnissen befahrbar ist. Die Strecke führt über den kleinen gleichnamigen Bergort zum breiten Geröllbett des Waimakariri-Flusses und weiter durch die östlichen Bergketten zur Ebene im Osten.

Der deutsche Geologe Julius von Haast entdeckte den dritten Paß. Die Straße über den Haast-Paß wurde erst 1965 fertig und stellt, vorbei an Busch, Fels und herrlichen Wasserfällen, eine Verbindung zum Wanaka-See her. Alle drei Paßstraßen führen von der Regen- zur Trockenseite, vom Busch zu den Weiden, durch malerische Landschaft und die fremdartigen Naturschönheiten der Südinsel.

Über den Haast-Paß zu den Alpenseen

Der Haast-Paß erschließt am Ostrand der Bergketten die großen Seen, die von den Endmoränen mächtiger Gletscher aufgestaut wurden. Jeder einzelne ist ein Märchensee, in dem sich die Kulisse der Alpengipfel spiegelt. Nebeneinander

Punakaiki, die Pancake Rocks (Pfannkuchen-Felsen) nördlich von Greymouth. Durch «Blowholes», von der Meereserosion geschaffene Röhren, wird Seewasser in hohen Fontänen nach oben gepreßt.

liegen der verträumte Wanaka-See, der Pukaki-See – von hier bringt, wie ein Straßenschild anzeigt, der Klapperstorch die kleinen Neuseeländer –, der Ohau-See, an dessen Ufer zur Weihnachtszeit leuchtend rote Mistelblüten wachsen, und der türkisgrüne große Tekapo-See. An seinem Ufer steht eine kleine Kapelle, deren Altarbild aus einem großen Fenster zum See besteht: ein Blick auf Gottes herrliche Natur.

Über das endlos weite, baumlose Hochland, das Mackenzieland, sind Hunderttausende von weißen Punkten verteilt – die Schafe der riesigen «Stations», der Schafzuchtfarmen. Hier, im trockenen Hochland, braucht ein Schaf doppelt so viel Weideland wie in tieferen Lagen, um satt zu werden. Kleine Flugzeuge werden eingesetzt, um der Vegetation mit Hilfe von Spurenelementen und Düngemitteln etwas nachzuhelfen. Das Gebiet der Farmen ist teilweise so groß, daß die Schafe nicht durch Zäune, sondern durch die Schneegrenze aufgehalten werden. Zweimal im Jahr, im Frühling und Herbst, werden sie zum Scheren, zum Impfen und zum Aussortieren von Zucht- und Schlachttieren zusammengetrieben. Die Hauptarbeit leisten dabei sehr gut ausgebildete Schäferhunde. Welche Hochachtung die Neuseeländer vor diesen unermüdlichen Helfern haben, zeigt am Tekapo-See ein Bronzedenkmal.

Vom Pukaki-See zum Mount Cook-Nationalpark

Am Pukaki-See entlang führt eine Straße (Nr. 80) nach Westen, zum Mount Cook-Nationalpark, die als Sackgasse am «Hotel Hermitage» endet. Das große Gebäude wirkt zwischen den hohen Bergen schmächtig wie eine Hütte. Hier befindet man sich im Herzen der Alpen, zwischen Gletschern und Dreitausendern, deren Namen an die Entdecker im pazifischen Raum erinnern: Mount Magellan, Mount Dampier, Mount Tasman und, in unmittelbarer Nähe, der fast 4000 Meter hohe Mount Cook. Die Maori nennen den höchsten Berg Neuseelands «Aorangi», den Wolkendurchstecher. Wanderpfade führen weiter in die umliegende Bergwelt, die eine einzigartige alpine Flora beheimatet. Da leuchten die weißen Blüten der Mount Cook-Lilie, einer liliengroßen Dotterblume, blühen Edelweißarten, Alpenveilchen und Schnee-Enzian.

Plötzlich das Flattern von Vogelflügeln, lautes Kreischen: «Kia-kia!» (daher ihr Maoriname «Kea») – es sind graugrüne Nestorpapageien mit roten Federn auf der Unterseite der Flügel. Nur in den Alpengebieten der Südinsel lebt dieser neugierige, diebische Kobold. Obwohl er unter Naturschutz steht, wurden Hunderte von ihnen von Schafzüchtern abgeschossen, weil sie angeblich die Lämmer angreifen.

Eine kleine Schar von Bergsteigern stapft vorüber, dann zwei Jäger, das Gewehr über der Schulter. Die Jagd auf das vor siebzig Jahren aus Übersee eingeführte Wild ist weniger ein Sport als eine Notwendigkeit. Denn die ursprünglich hier nicht heimischen Steinböcke, Gemsen und Hirsche sind eine Gefahr für die Alpenflora. Das Wild, das sich hier ohne seine natürlichen Feinde rasch vermehrte, frißt viele Pflanzen schneller, als sie nachwachsen können. Zu Tausenden wird Wild abgeschossen – selbst aus Hubschraubern – oder in Wildfarmen eingefangen, aber es gibt immer noch zu viel in den Bergen Neuseelands. Was man einst zum fröhlichen Jagen einführte, wurde zu einem nur mit hohem Aufwand zu lösenden Problem.

Nur an klaren Tagen wagen sich die kleinen Flugzeuge zum «Sightseeing» über oder – mit Kufen statt Rädern ausgerüstet

Blick auf den 3764 Meter hohen Mount Cook.

– auf die Gletscher der Alpen. Dieser Alpenblick aus der Vogelperspektive ist ein großer Eindruck: Die majestätischen Felsendome mit vereisten Steilwänden und messerscharfen Graten, die sich an die Hänge klammernden Wächten, die ausgebreiteten, von Spalten durchschnittenen Gletscher – das war die Bergsteigerschule eines Edmund Hillary, des Bezwingers des Mount Everest.

Auch die Namen der Berge sind interessant; sie sind nicht nur nach Entdeckern, sondern auch nach Naturforschern des 19. Jahrhunderts benannt. Darunter sind viele deutsche Namen wie Mount Dieffenbach, Teichelmann, Liebig oder Hochstetter.

Von schlimmen Erfahrungen der Pioniere zeugen andere Bergbezeichnungen wie «Mount Hopeless», «Mount Misery», «Mount Dilemma», «Mount Awful», «Mount Dreadful» und «Terror Peak». Es ist eine gefährliche Bergwelt mit brüchigem Gestein, Lawinen und plötzlich wechselndem Wetter.

Zwischen den hohen Bergen wird es rasch dunkel; es ist Zeit, zurückzuwandern. Im Licht der untergehenden Sonne glüht der Mount Cook wie ein vergoldeter Tempel.

Zum Wakatipu-See und nach Skippers

Im Windschatten der Alpenkette sind die Berghänge waldlos, kahl; nur das struppige Tussockgras bedeckt den Talboden. Über die in tiefen Schluchten verlaufenden Flüsse führen Hängebrücken. Zentral-Otago ist eine öde Landschaft mit wenig Niederschlägen; auch der östliche Arm des langgestreckten Wakatipu-Sees ragt in das Trockengebiet hinein.

Vor einhundertzwanzig Jahren wetteiferten auf dem See die Schiffe miteinander, die die Goldgräber heranbrachten. Hier spielte sich der größte «Goldrush» ab, den Neuseeland erlebte. Einige der kleinen Städtchen aus jener Zeit sehen noch heute aus wie Wildwestfilmkulissen.

Queenstown, am Wakatipu-See, ist durch den nahen Coronet Peak im Winter ein Skiparadies und im Sommer ein attraktives Ferienziel. Es ist auch der Ausgangspunkt zu einem nostalgischen Ausflug in die einstigen Goldgräbergebiete am Shotover-Fluß (zufällig gleichnamig mit dem goldführenden Shotover in Coromandel), am Arrow, am Kawarau und in Skippers.

Eine holprige Bergstraße, noch immer schmal und steil am Abgrund entlang führend, bringt uns zu den früheren Claims. Über diesen Weg wanderten damals die Glückssucher aus Europa, Amerika und China. Tausende buddelten hier am Flußbett und auf den Kiesterrassen. Sie hausten in schnell errichteten Bretterbuden oder unter Zeltplanen: bei bitterer Kälte im Winter und von Überschwemmungen heimgesucht im Frühling. Typhus und Ruhr, Raub und gewaltsamer Tod waren an der Tagesordnung.

Skippers ist eine öde Landschaft mit kahlen Hängen und spärlichem Graswuchs. Überall ist die Erde aufgewühlt; rostiges Gestänge, ausgetretene Pfade und ein einsamer Grabstein mit chinesischen Schriftzeichen – das ist alles, was übrigblieb.

Auch das kleine weltvergessene Arrowtown war eine Goldgräbersiedlung. Heute ist es ein verlassenes Dorf am Ende der Welt, das Relikt einer hektischen und kurzlebigen Zeit, von der nur noch das kleine Museum in der ehemaligen Bank zeugt.

Was blieb übrig, als es kein Gold mehr gab und die Digger wieder fortzogen? Queenstown fand eine neue Aufgabe als Winter- und Sommerurlaubsort, Arrowtown überlebt als

Milford Sound, im Hintergrund der 1695 Meter hohe Mitre Peak.

Attraktion für die Touristen. In Skippers lebt niemand mehr, und rund um den Wakatipu-See haben die Schafzüchter die Digger abgelöst.

Fjordland und Milford Sound

Von Queenstown geht es über Lumsden zum Te Anau-See – ein weiter Bogen, um zu einem nahen Ziel zu kommen. Der Te Anau-See ist das Tor zum wilden Südwesten. Kaum ein Pfad führt durch dieses unerschlossene Gebiet, dessen Täler und Hügel fast nur aus dem Luftbild bekannt sind. Dahinter, an der Tasmanischen See, versinken die Alpentäler im Meer und bilden herrliche Fjorde (hier «Sound» genannt). Das unberührte Niemandsland, nur von gelegentlichen Bergwanderern und Jägern durchstreift, regt die Phantasie an – lebt dort noch ein verlorener Maori-Stamm, der «lost tribe», der die Zivilisation der Weißen nicht kennt? Überlegungen, die nicht völlig abwegig sind, wenn man bedenkt, daß in der unberührten Farnwildnis hinter dem Te Anau-See erst vor vierzig Jahren der flügellose, hühnergroße Takahe (notornis mantelli) entdeckt wurde, den man für ausgestorben gehalten hatte.

Nur einer der Fjorde ist gut erreichbar und erschlossen, der Milford Sound. Man kann entweder mit dem Flugzeug ab Tekapo-See und Queenstown oder mit vier Rädern durch den Homer-Tunnel anreisen. Man kann aber auch mit Bergstiefeln und Rucksack (nebst Regenmantel) von Te Anau aus in einer mehrtägigen abenteuerlichen Wanderung durch dichten Busch, an großen Wasserfällen und Flüssen vorbei und über steinige Pässe den Milford Sound erreichen. Der Fjordland-Nationalpark bietet eine Reihe außergewöhnlicher Wanderrouten, von denen der Milford Track der berühmteste ist. Um eine zu starke Frequentierung der Wege zu verhindern, muß man die Benutzung vorher anmelden. Aber es ist der Mühe wert: das Fjordland ist, wenn das Wetter mitspielt, ein unvergeßliches Erlebnis.

Der Milford Sound ist ein zwischen steil aufragenden Bergwänden eingeschlossener Meeresarm, aus dessen Mitte sich der dreieckige Mitre Peak emporhebt. Farne und Moose krallen sich an die steilen Berghänge, aus den Seitentälern stürzen schillernde Wasserfälle herab. Wo der Boden nur ein wenig Halt bietet, drängen sich Büsche und Baumfarne. Ein flaches Uferstück gibt es nur an einer Stelle. Dort stehen ein Hotel und ein paar Hütten. Ansonsten ragen die Felswände der Fjorde fast senkrecht aus dem Wasser.

Der Sound ist von vollendeter landschaftlicher Schönheit, ein atemberaubendes Bild, von allen Seiten millionenfach photographiert – wenn nicht tiefhängende Wolken und Regenschauer alles verhüllen. Ein anderer Schrecken sind die Myriaden von «Sandflies», kleinen Stechmücken, deren man sich kaum erwehren kann.

Hier holten sich einst die Maori den Grünstein, der zu Waffen und zu Schmuckstücken verarbeitet wurde. Die begehrte Jade hat der Südinsel ihren Maorinamen gegeben: «Te Wai Pounami», das Wasser des grünen Steins.

Von Queenstown nach Christchurch

Christchurch, die größte Stadt der Südinsel mit nicht ganz 300 000 Einwohnern, liegt an der Ostküste. Gegründet von der anglikanischen Kirche besitzt es eine ausgeprägt englische Atmosphäre.

Christchurch, die Gartenstadt, wuchs rasch um die neugotische Kathedrale, deren fünfundsechzig Meter hoher spitzer

*Linke Seite: Larnack Castle. Der Bankier William J. M. Larnack ließ von 1871 bis 1885 auf der Otago-Halbinsel Neuseelands einziges «Schloß» erbauen.
Unten: Christchurch Cathedral bei Nacht. Ihr 65 Meter hoher Turm wurde bereits dreimal durch Erdbeben schwer beschädigt.*

Rechte Seite, oben links: Kleiner Salon im Larnack Castle. Oben rechts: Innenansicht der Christchurch Cathedral. Mitte links: Altes Fachwerkhaus im Zentrum von Christchurch. Mitte rechts: Rathaus von Christchurch am Victoria Square. Unten links: Zeitungsgebäude in Christchurch bei Nacht. Unten rechts: Kleines Musical-Theater in Christchurch.

Moderne Architektur im Urlaubsort Queenstown östlich der Southern Alps.

Dunedin. Gebäude der ersten, 1869 gegründeten Universität von Neuseeland.

Invercargill. Häuserzeile aus der zweiten Hälfte des 19. Jahrhunderts in der Main Street.

Christchurch. Blick in die Colombo Street, im Hintergrund die Berge der Banks-Halbinsel.

Turm schon dreimal einem Erdbeben zum Opfer fiel. Das Schachbrettmuster seines Grundrisses wird nur von den Windungen des Avon-River gestört. Es ist ein sehr zivilisierter Fluß, auf dem Enten und Schwäne schwimmen und dessen gepflegte Ufer von behäbigen Weiden gesäumt werden.

Die Stadt liegt im Flachland und hat nur wenige höher gelegene Stadtteile, wie zum Beispiel Kaschmir. Von dort hat man bei Föhn, den es häufig gibt, einen weiten Blick über die Ebene, die Canterbury Plains, bis zu den fernen Alpen.

Christchurch hat Platz, um sich auszuweiten. Es ist eine großzügig gebaute Stadt mit einer bedeutenden Universität und mit ausgedehnten Parks, in denen im Frühling ein Meer von Narzissen blüht. Respektlos lassen sich dort die Möwen auf der Marmorstatue des Kapitän Cook nieder oder auf dem Denkmal des Antarktisforschers Robert Falcon Scott, der von Christchurch aus zu seiner tragisch endenden Expedition aufbrach. Auch heute noch hat Christchurch Bedeutung als letzte Zwischenstation für Amerikaner, die sich auf dem Flug zu ihrer Forschungsstation im antarktischen Mac Murdo Sund befinden.

Zum Stadtbild gehören weite, herrliche Strände, an denen Hanggleiter über Dünen segeln. Christchurch ist dennoch keine Hafenstadt. Sein Hafen befindet sich an einem tiefen ehemaligen Kraterbecken in Lyttelton. Von der Stadt trennen ihn die Porthills, eine steile Hügelkette, durch die zwei Tunnel führen. Dieser ehemalige Vulkan von Lyttelton-Harbour bildet einen Teil der Banks-Halbinsel, auf der 1840 französische Siedler die kleine Stadt Akaroa gründeten. Es blieb die einzige französische Ansiedlung. Die dreiundsechzig Franzosen kamen sieben Wochen zu spät, um die Südinsel Neuseelands zu einer französischen Kolonie zu machen. Noch erinnern Straßennamen und eine Allee von Pappeln aus der Normandie an die französische Vergangenheit.

Entlang der Pazifikküste führt ein gut ausgebauter Highway von Christchurch nach Dunedin. An ihm liegt die kleine Stadt Oamaru, deren Häuser vorwiegend aus einem hellen Kalkstein gebaut sind, den man in nahe gelegenen Steinbrüchen gewinnt. Er diente für öffentliche und klerikale Gebäude in ganz Neuseeland als Baumaterial. Am Strand nahe Palmerston befinden sich als geologische Kuriosität tonnenschwere runde Steinkugeln, die Moeraki-Boulders.

Dunedin

Dunedin ist mit 110 000 Einwohnern nicht nur die südlichste Großstadt Neuseelands, sondern der Welt.

Ist Christchurch eine typische englische Stadt, so ist Dunedin schottisch geprägt. Die Stadt wurde von der presbyterianischen Kirche Schottlands gegründet und war zunächst für solche Auswanderer eine neue Heimat, die Schottland in der wirtschaftlichen Depression von 1840 verließen. «Dunedin» ist der keltische Name für Edinburgh. Die genügsamen Schotten waren damit zufrieden, im kühleren Südgebiet Neuseelands ihre Stadt anzulegen. Bis heute ist sie, dem konservativen Charakter der Schotten entsprechend, eine sehr viktorianische Stadt geblieben, mit alten, ehrwürdigen Gebäuden und Straßen, die eine perfekte Kulisse für einen Film über das 19. Jahrhundert abgeben würden. In Dunedin gibt es die einzige Whisky-Destillerie Neuseelands, und die vielen «Mac» und «Mc» im Telephonbuch sind nicht zu übersehen.

Inmitten des Octagons, einer hübschen achteckigen Gartenanlage im Zentrum der Stadt, erhebt sich die Statue des schottischen Dichters Robert Burns, dem Neuseeland seine Nationalhymne verdankt. Dunedins Entwicklung zur Großstadt ist eng verbunden mit der Goldgräberzeit. Der damalige Reichtum ermöglichte es, die Straßen, die Brücken, die Universität und den Hafen großzügig auszubauen. Wie Christchurch besitzt Dunedin herrliche Strände am offenen Ozean und einen etwas abgelegenen Hafen. Geschützt von einer langgestreckten Halbinsel liegt er in einer tief eingeschnittenen Bucht und galt in früheren Zeiten als besonders sicherer Landeplatz. Auf dieser Otago-Halbinsel, die den Hafen gegen das Meer abschirmt, findet sich eine Kolonie von Königsalbatrossen, die wie die gelegentlich an den Strand kommenden Pinguine das kühle Klima schätzen.

Von Dunedin nach Stewart Island

Von Dunedin nach Bluff im Süden führt der Highway Nr. 1. In Bluff wartet eine Fähre, die den Reisenden über die dreißig Kilometer lange Foveaux-Straße nach Oban bringt. «Te Punga o te Waka a Maui», der Anker von Mauis Kanu, so nannten die Maori die Insel oder einfach «Rakiura», Land des hellen Himmels. Man könnte die Insel auch Thule nennen, wie hier tatsächlich eine der Buchten heißt: Trauminsel am Rande der Welt. Die dreieckig geformte Insel hat kaum dreihundert Bewohner, nicht mehr als zwanzig Kilometer Straße und nur eine Handvoll Autos. Es gibt nur ein Hotel und nur einen Ort – Oban eine Stadt zu nennen, wäre übertrieben –, dessen Häuser sich gemütlich um die Halbmond-Bucht reihen.

Wo die Straße aufhört, fängt die Wildnis an. Nur zu Fuß auf schmalen Wanderpfaden oder per Boot läßt sich Stewart Island kennenlernen. Mount Anglem, der höchste Berg, ist fast 1000 Meter hoch. Das bergige Eiland ist mit dichtem Busch bewachsen, mit Buchen und Baumfarn, mit wuchernden Lianen und Clematis, mit Farnkraut und Flechten. Das Dickicht ist erfüllt von Vogelstimmen, dem hellen Ruf des Bellbird, dem heiseren Schrei des Kaka-Papageis und in den Nächten mit dem Ruf des Kiwi. Die Insel ist ein Gemälde in allen Schattierungen von Grün, eingerahmt in goldene Sandbuchten oder malerische Felsenkliffs.

Die Buchten haben romantische Namen wie «Golden Bay», «Hufeisen-» oder «Ringaringa-Bucht». Die vorgelagerten Inselchen heißen «Glaube», «Liebe», «Hoffnung». Wer das Alleinsein sucht – hier findet er es. Nur der Busch und der Sandstrand, auf dem manchmal Pinguine erscheinen, das Meer und die rotfüßigen Möwen sowie die elegant über das Wasser schwebenden großen Mollyhawks, eine graue Albatrosart, leisten Gesellschaft.

Von Fischen und Vögeln lebten früher hier die Maori. Sie haben noch heute das Recht, junge Muttonbirds (Rußsturmtaucher) zu fangen, wenn diese Vögel alljährlich in großen Scharen von ihrem weiten Flug zu den Nisthöhlen auf der Insel zurückkehren.

Über der Ringaringa-Bucht erhebt sich ein einsames Steinkreuz. Es ist das Grab der deutschen lutherischen Missionarsfamilie Wöhlers, die sich 1844 ganz den Maori widmete und das nicht einfache Leben der Eingeborenen auf der Insel teilte. Ihr strohblondes Töchterchen Gretchen gewann die Maoriherzen – die Zuneigung war gegenseitig. Gretchen heiratete und blieb auf der Insel bis zu ihrem Tode 1934. «Sie liebte die Maori», steht auf ihrem Grabstein.

Die geographische Lage der Insel nahe dem südlichen Eismeer ist verbunden mit häufigen Stürmen, Regen und Schnee. Selbst die Sonnentage sind kühl. Aber der klare Himmel über einer fast noch unberührten Welt, das wunderbare nächtliche Firmament mit dem Kreuz des Südens und manchmal das helle Flimmern der Aurora australis, des Äquivalents zum Nordlicht, entschädigen für das Klima. Stewart Island schlägt den Besucher in seinen Bann.

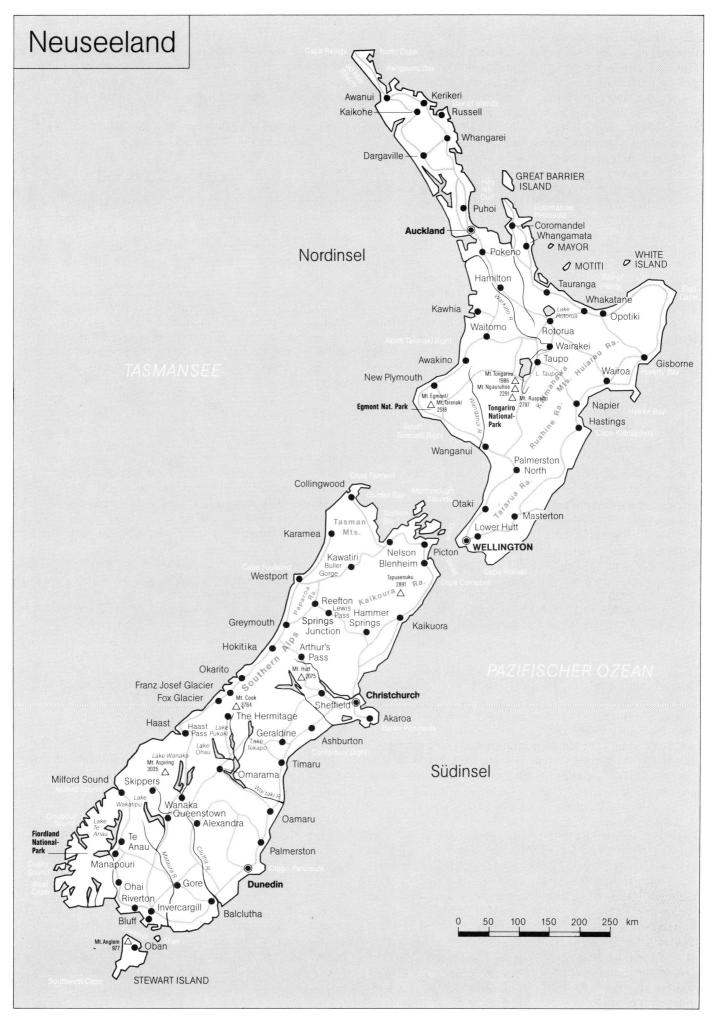

Register

(Kursive Ziffern verweisen auf Abbildungen.)

Agrarprodukte 42 ff., 45
Akaroa 138
Angeln *20*, 56
Anreise 98
Antarktisforschung 45, 128
Anzac-Tag 98
ANZUS-Pakt 45
Aorangi 131
Aotearoa 15 f., 121
Aratiatia-Fälle *74*
Arawa-Kanu 112
Arbeitslosigkeit 42 f.
Arrowtown 132
Arthur's Pass *7*, 99, 130
Ateamuri 75
Atomwaffenfreie Zone 45
Auckland *26/27*, 38, 63 f., 70 f., 75, 98 f., 101, 106 ff., *108/109*, 112, 121, 123
Auslandsverschuldung 43
Austernfischer *101*
Australien 44 f.
Auswanderer 43 f.
Automobile Association 98
Avon River 138

Banks-Halbinsel 6, 138
Baumfarn 38, *74*, 121 f. 133, 138
Bay of Islands 35, *42*, *72*, 101, 106 ff., 109 f., *110*
Bay of Plenty 6, 112
Beehive *17*
Bellbird 138
Benmore Peak *86/87*
Bevölkerungszuwachs 42
Bluff 138
– Austern 98
Bootsbau 58 f.
Bowling *105*
Brainpot 121
Brandrodung *38*
Brooks, William *67*
Brothers, The 129
Brückenechse s. Tuatara
Bruttosozialprodukt 44
Buller Gorge Reservat *89*, 130
Burns, Robert 138

BYO (Bring your own) 98
Byrd, Admiral 128

Cable Car *44*, 125, 128
Campmobil 98
Canterbury 64, 98
– Plains 138
Cape Colville 63
Cape Kidnappers 124
Cape Reinga *73*, 109, 112
Caroll, Turi *66*
Christchurch 36, 38, *84/85*, 98, 101, *104*, 106 f., 129, 133 f., *134/135*, 136
Clearburn *86/87*
Closer Economic Relations (CER) 45
Clutha 98
Colombo Street *136*
– Plan 45
Cook, James 33 ff., 47 ff., 57 ff., 102, 107, 109, 112, 124 ff., 138
– Inseln 45
– National Park *78*, *86/87*, 131
– Strait 128 f.
Coromandel 64, *110*, 112, 132
Coronet Peak 132
Craigieburn Valley *7*
– Range 99
Crescent Bay *76* f.

Dalefield *66*
Darwin, Charles 35
Deep sinking 69
Desertroad 122
Dieffenbach, Ernst von 8, 125
Domain Park *104*
Doubtful Sound *82/83*
Doubtless Bay 34
Du Fresne, Marion 34, 112, 125
Dunedin *2/3*, 38, *40*, 64 f., 101, 106, 129, 138
– Princess Street *40*
Dusky Sound 102

East Cape *21*, 79
Einkaufen 98

Einwanderer 34 ff., 42, 69, 99, 109, 129 f., 138
Eisenbahnbau 42, *68*
Empire, Britisches 42 f.
Energie 98, 122
Entwicklungshilfe 45
Epidemien 34 f., 42
Epiphyten 8
Erdöl 44
Erziehung 42
Essen und Trinken 98
Europäische Gemeinschaft 43
Export 43 f.

Fairlight *14*
Fantham Peak 125
Feiertage 98
Fidschi-Inseln 45, 99
Fjordland Nationalpark *82/83*, 106, 133
Flachs 16, *61*, 98
Fleischproduktion 42 f., 45, 98
Flugverbindungen 99, 107
Forest Reservat *70*, 112
Forster, Georg 34, 57, 59 ff.
Foveaux Strait 98, 138
Fox, William *36*
Fox-Gletscher 130
Frankreich
– Atomwaffenversuche 45
– Kolonialansprüche 112
Franz-Joseph-Gletscher 130
Fresne, Marion du 112

Gabriels Gully 64 f.
Gasfelder 44
Gelbaugenpinguin *120*
Geographie 34, 99
Geologie 6, 42, 107
Geschichte 9 ff., 33 ff.
Glühwürmchenhöhlen 124
Gold 39 f., 99, 112
– feld-Akt 64
– fieber 39, 63 ff., *66*, *68*, 99, 129 f., 132
Golden Bay 130, 138
Golf *103*
Greymouth *54/55*, 130

Haast, Julius von 8, 65
– Pass 130
Haka *60*
Hamilton 106
Handelsbeziehungen 44 f.
Hanmer Springs 130
Harbour Bridge *109*
Hastings 106, 123 f.
Hawaii 15
Hawaiki 112
Hawke Bay *29*, 64, 98, 101, 123
Hinemoa 121
Hobson, William 36, 107
Hochstetter, Ferdinand von 8, 69 ff.
Hokianga River 70
Holmann, Ide 33, 130
House of Representatives 102
Huritini Quelle 121

Industrie 42 ff., 121, 124
Invercargill 101, *137*

Jagd 131

Kaingaroa Ebene 74 f.
Kaipara River 70
Kakapo 99, 129
Kannibalismus 16, 57
Kapanga 64
Kapuni 125
Kauri 8, *43*, 69 ff., *74*, 99, *99*, 112
Kauriharz *67*, 99, 112
Kawerau 121, 132
Kea 99, *101*, 131
Kingston *14*
– Flyer *14*
Kiwi 9, 71 ff., 101, *118*, 138
Kiwi Coach Pass 101
Klima 101
– Tabelle 101
Königsalbatros *101*, 101, 138
Kohlebergbau *39*, 65, 130
Kolonialisierung 44, 46, 59 ff., 69 f.
Koniferen 38, 122
Kororareka 112
Kricket *104*, *116/117*

140

Kuaoruno 112
Kumara 16, 98, 112
Kupe 15, 109
Kurow *84*

Labour-Regierung 45
– Partei 102
Lady Knox Geysir 121
Lake Moeraki *93*
Lake Ohau 131
Lake Pukaki *12*, 131
Lake Rotamahana 76
Lake Rotoiti 121
Lake Tarawera *13*, *22/23*, *104*, *118*
Lake Taupo 6, 73 f., 107, 121 ff.
Lake Te Anau 98, 106, 133
Lake Tekapo 131, 133
Lake Wahatipu *13*, *14*, *113*, 132 f.
Lake Wanaka *12*, 130 f.
Lambton Quay *40*, 128
Landungsversuche der Europäer 33, 46 f., 112, 130
Lange, David 45
Larnack, William J.M. *134*
– Castle *134*, *135*
Lebenshaltungskosten 43
Leihwagen 101
Lewis Pass 130
Lumsden 133

Mackenzieland 131
Maiotapu Valley 75
Mairoa 76
Malaysia 45
Mana 15, 34
Manaia *53*
Manapouri 98
Mangakahia River *24*
Mansfield, Katherine 76 ff., 78 ff.
Manuka 70
Maori *47*, *58*, *59*, *60*, *61*
– Ernährung 138
– Kolonisierung 34 ff., 39
– Kriege 16 f., 33 f., 35, 39, 112, 125
– Kunst 16, *50*, *53*, *60*, *62*, 121

– Mythologie 112, 121, 125, 129
– Soziales Leben 15 f., 57 f.
– Staats- und Bürgerrechte 98
Marlborough *14*, *67*, 98
– Sounds 129
Masterton 106
Mataatua Kanu 112
Maui 16
Milford Sound *133*, 133
– Track *11*, 106, 133
Militär 45
Mirobeeren 72
Missionare 35 f., 112, 129
Mitre Peak *133*
Moa 9, 33, 101
– jäger (Moriori) 9, 15
Moeraki Boulders 138
Moko 53
Mokoia Island 121
Molkereiwirtschaft 42 f., 45, 98, 125
Mollyhawk 138
Mt. Anglem 138
Mt. Aspirin Nationalpark 77
Mt. Cook 79, *94*, 131 f., *132*
– Nationalpark *78*, *86/87*, 131
Mt. Dampier 131
Mt. Eden 107
Mt. Egmont 6, *29*, *32*, *103*, 107, 122, 124 f.
– Nationalpark 32
Mt. Magellan 131
Mt. Maungakakaramea 75
Mt. Maunganui 112
Mt. Moehau 112
Mt. Ngauruhoe 6, 107, *125*
Mt. Ruapehu 6, 76, 107, 122 f., *124*
Mt. Taranaki *29*, *32*, 98, *103*, 107, 124 f.
Mt. Tarawera 6, *25*, 74 ff., 75, 121 f.
Mt. Tongariro 6, 107, 121, 125
– Nationalpark 122

Mt. Victoria *26/27*, 128
Muldoon, Robert 44

Nachkriegszeit 43
Napier 101, *111*, 123
Nauru 45
Nelson 64, *67*, 98, 101, *128*, 130
Nephrit 16
– Keule *39*, *58*
Netzkarten 101
New Plymouth *29*, *105*, 125
New Zealand Association (New Zealand Land Company) 36
New Zealand Australian Free Trade Agreement (NAFTA) 45
Ngaruawahia 106
Ngati-Whakane 121
Ngatoroirangi 121
Niederländische Generalstaaten 33
Niederländische Ostindien-Gesellschaft 33, 46, 130
Nikaupalme 8, 130
Northland 98, *99*, 99, 109
NZTP Travel Offices 106

Oamaru *84*, 138
Oban 138
Ökologie 33, 35, 38, 69 f.
Ölkrise 43
Ohinemute 75, 121
Old Dip Mine *65*
Omarama *86/87*
One Tree Hill 107
Orakei 74
Orakeikorako 74, 121
Oram, Thomas Allom 36
Osterinseln 15
Otago *2/3*, 64 f., *66*, *68*, *71*, *84*, *89*, 98, *101*, 101, 132, 138

Pa 16, 34, 107, 112
– Rotowhio 121
Paihia *100*
Pakeha 33, 39, 98, 102, 122 f., 125

Palmerston 138
Pancake Rocks (Panakaiki) 130, *131*
Paora Tuhaeri *59*
Paparoa 70
– Forest Reservat 81, *93*
Patta Pattoa 58
Pelorus Jack 128
Pic du Masquarin 125
Picton 128, *129*, 129
Pihanga 125
Pohutukawa *73*, 112
Polynesier 15 f., *35*, 109
Port Hills *85*
Port Lyttleton *36*, *85*, 138
Poverty Bay 112
Puhoi 109
Pukeko *101*

Queen Charlotte Sound 129
Queenstown *13*, 101, *103*, 106, *113*, 132 f., *136*

Raiatea 15
Rakiura 16, 138
Rangitoto-Kanal 75
Redwoods Valley *128*
Regierung 42, 102, 128
Reischek, Andreas 71 ff., 73 ff.
Reward Committee 63
Richdale, L.E. *120*
Ringaringa-Bucht 138
Rohstoff- und Energieressourcen 44
Rotorua 7, *49*, 101, *105*, 106, 112, 121, *122*
Routeburn Walk 106
Roxburgh *66*
Ruato Bay *105*
Ruatoria *79*, *115*
Russell *110*, 112
Rußsturmtaucher (Muttonbird) 102, 138
Rutherford, Sir Ernest 130

Samoa 15, 45
Sandflies 102, 133
Scott, Robert Falcon 138
Sedden, Richard John *66*
Seventeen Mile Bluff *92*

Shantytown 54/55, 130
Ship Cove 129
Shotover River *103*, 132
Skippers 132 f.
Southern Alps *10*, *94*, 130 ff.
Southland 98
Souveränitätsrechte 36
Sozialisten 42
Sport 102
Südbuchen 8, *93*
Südinsel 128 f.
Südpazifik-Konferenz 45
de Surville, Kapitän 34

Schafe 38 f., *42*, 43, 76, *89*, 98, *100*, 106, 107, *115*, 123, 131
– Schur *88*
Schiffsbau 69
Schutzvertrag 45
Schwimmbagger *68*

Statenland 33, 129
Stevens Island *101*
Stewart Island 6, 16, 99, 102, 107, 138

Tätowierung 15, 53, 58, *59*
Tahiti 15 f., 33
Tahunatana 74
Takahe 106, 133
Tamati Waka Nene 37
Tapu 15, 35, 122, 125

Tasman, Abel 33, 46 f., 129 f.
Tasman Bay 130
– Sea *93*, 107
Tasmanien 33
Tasmanische Partnerschaft 45
Tauranga 112, 121
Tea-Rooms *21*, 98
Te Ika a Maui 16, 33 f.
Te Punga o te Waka a Maui 16, 138
Te Ruki Kawiti *37*
Te Wai Pounami 16, 133
Te Waka a Maui 16
Think Big 44
Tikitapu 76
Tikitere 121
Tölpel 106, 124
Tohunga 16
Toi 15
Tokano 73 f.
Tokomaru Bay *21*
Tolaga Bay *104*
Tonga 15, 45
Touristeninformation 106
Tuapeka 64
Tuatara (Brückenechse) 8, *101*, 129
Tudor Towers *123*
Turepa Valley 75
Tussockgras 6, *71*, 132
Tutanekai 121

Upper Moutere 130

Urbanisierung 44
Utu 15 f., 34 f.

Veranstaltungen 106
Volta-Gletscher *94/95*, *96*
Vulkanismus 6, 73 ff., 107, 112, 121

Waiatoto River *90/91*
Waikari 75
Waikato River 64, 74 f., *74*, 122
Waimakariri 130
Waimangu 121 f.
– Tal *9*, *25*, *30/31*
Wainui Beach *99*, *114*
Waiotapu 121
Wairakei 74
– Dampfkraftwerk 122
Wairarapa 66
Wairoa 29
Waitaki 98
– River *84*
Waitangi *50/51*, 53
– Tag 98, 106
– Vertrag 36, *37*, 39, 112, 123
Waitomohöhlen 124
Waiwera 109
Wakefield, Edward Gibbon 35 ff.
Walfang 34, 58, 112, 129
Wandern 106
Wanganui *28*
– River 125

Ward, Joseph *66*
Weinbau *14*, 101, 123 f., 130
Weka 9, 130
Wellington *18/19*, 38, 40, *41*, *44*, 64, 98, 101, *104*, 106 f., *114*, *115*, 123, 125 ff., *126/127*
– Beehive *17*, 128
– Cable Car *44*, 125, 128
– Lambton Quay *40*, 128
Westland *93*, 98
Westport 130
Wetter 106
Whakarewarewa *7/8*, *49*, *52*, *53*, *63*, 75, *106*, 121, *122*
Whakatane 112
Whangaehu River 123
Whangarei 109
Whangaroa *20*, *24*
White Island 6, 107, 112, 121
Whitianga Strait 112
Williams, Henry 37
Wirtschaft 39 ff., 43 ff., 107
Wirtschaftsdepression 42
Wolle 39, 42 f., 45, 106
Woodpecker Bay *81*
Wylie, Fred W. Monument *123*

Yellow Pine 69

Zeitzonen 106
Zölle 43, 45

Text- und Bildnachweis

[Abel Janszoon Tasman]: Tasman Encounters the Maoris. In: A Book of New Zealand. Hrsg. von J.C. Reid. Collins. Glasgow, London, Auckland 1964. (Übersetzt von Hildesuse Gaertner).
Captain James Cook: Entdeckungsfahrten im Pacific. Die Logbücher der Reisen 1768–1779. Nördlingen 1987
[Georg Forster]: Georg Forster's sämtliche Schriften. Herausgegeben von dessen Tochter. In neun Bänden. Erster und zweiter Band. Leipzig 1843.
Ferdinand von Hochstetter: Neu-Seeland. Stuttgart 1863.
Andreas Reischek. Sterbende Welt. Zwölf Jahre Forscherleben auf Neuseeland. Herausgegeben von seinem Sohn. Leipzig 1924.
Katherine Mansfield: Sämtliche Erzählungen in 2 Bänden. Herausgegeben, ins Deutsche übertragen und mit einem biographischen Essay von Elisabeth Schnack. Büchergilde Gutenberg. Frankfurt am Main, Wien, Zürich 1983.

Archiv für Kunst und Geschichte, Berlin: S. 60, 61.
Bildarchiv Bucher, München: S. 38, 41, 47, 58, 59, 62, 63, 68 unten, 68 oben, 74, 75.
Hildesuse Gaertner, Freiburg: S. 11 unten, 12 unten, 35, 99 oben, 122, 124, 125.
Roland E. Jung, Möhnesee: S. 12 oben, 13 oben, 14 oben, 71, 72, 73, 77, 78, 100, 101 rechts oben, 101 links unten, 104 links unten, 131, 135 rechts oben, links oben, links Mitte.
New Zealand Embassy, Bonn: S. 36, 40, 42, 43, 66, 67, 108, 111, 128, 132, 133, 135 rechts Mitte.
Fremdenverkehrsamt von Neuseeland, Frankfurt: S. 10, 11 oben, 44, 101 links oben, rechts unten, 103 oben, 110, 126/127, 136 unten.
Printing Office, Wellington: S. 37 (Faksimile: Vertrag von Waitangi)

Die Karte auf S. 139 wurde von Peter Schmid, München angefertigt.

Alle übrigen Abbildungen stammen von Michael Reinhard, Zürich.
Michael Reinhard photographiert mit Canon F 1 Kameras.

Eigentümer Dieter Reiter